Anthony de Mello

Warum der Vogel singt

HERDER / SPEKTRUM

Band 4149

Das Buch

Geschichten, die den Alltag blitzartig erleuchten, in ein anderes Licht tauchen, überraschende Antworten bereithalten oder auch Fragen stellen – das sind die Geschichten, die Anthony de Mello erzählt. Leicht und locker zeigt sich die Weisheit aus den unterschiedlichen kulturellen Traditionen, der Zen-Buddhismus, biblische Weisheit, Sufi-Erzählungen.
Alle Geschichten sprechen auch von uns selbst, den Sehnsüchten, Hoffnungen und manchmal auch komischen Verstrickungen. Sie zeigen: den Blickwinkel auf das Leben zu ändern, kann manchmal schon ein Schritt in die Reifung sein. Anthony de Mellos Geschichten sind Weisheitsfrüchte, mit Genuß zu lesen.

Der Autor

Anthony de Mello (1931–1987), geboren in Bombay, verband als Exerzitienmeister und Weisheitslehrer die Weisheit des Ostens, des Zen-Buddhismus, mit westlichen Weisheitstraditionen. Zahlreiche Publikationen.

Anthony de Mello

Warum der Vogel singt

Weisheitsgeschichten

Aus dem Englischen von Ursula Schottelius
mit Zeichnungen von Jules Stauber

Herder
Freiburg · Basel · Wien

Titel der Originalausgabe: The song of the bird,

3. Auflage

Herstellung: Freiburger Graphische Betriebe 1993
Umschlaggestaltung: Joseph Pölzelbauer
Umschlagmotiv: Candido Bido, Zweisamkeit 1986
ISBN 3-451-04149-9

Inhalt

Vorwort

Dieses Buch ist geschrieben für Menschen aller Überzeugungen, religiöser und nichtreligiöser. Ich kann jedoch meinen Lesern nicht die Tatsache verbergen, daß ich ein Priester der katholischen Kirche bin. Ich habe mich unbekümmert auch in nichtchristlichen, ja sogar nichtreligiösen mystischen Überlieferungen umgesehen und bin tief beeinflußt und bereichert worden. Aber stets kehre ich zu meiner Kirche zurück, denn sie ist meine geistige Heimat. Und wenn ich mir auch schmerzlich, manchmal sogar peinlich berührt ihrer Grenzen und gelegentlichen Enge bewußt bin, so weiß ich doch genauso deutlich, daß sie mich gebildet und geformt und zu dem gemacht hat, was ich heute bin. Ihr, meiner Mutter und Lehrmeisterin, widme ich in Liebe dieses Buch.

Anthony de Mello, S. J.

Wie man diese Geschichte lesen soll

Jedermann liest gerne Geschichten, und dieses Buch ist voll davon: buddhistische, christliche, Zen-, chassidische, russische, chinesische, Hindu- und Sufigeschichten, alte und moderne.

Diese Geschichten haben jedoch etwas Besonderes an sich: Liest man sie auf bestimmte Art und Weise, werden sie einen geistigen Reifeprozeß bewirken.

Es gibt drei Möglichkeiten, diese Geschichten zu lesen:

1. Man lese eine Geschichte einmal, nehme sich dann eine andere vor. Auf diese Weise wird man sich gut unterhalten.

2. Man lese eine Geschichte zweimal, denke darüber nach und beziehe sie auf das eigene Leben. Man bekommt dann eine Ahnung von Theologie. Ein kleiner Kreis, in dem jeder seine Gedanken zu der Geschichte einbringt, kann dabei sehr förderlich sein. Man hätte damit einen theologisch interessierten Zirkel.

3. Man lese die Geschichte noch einmal, nachdem man darüber nachgedacht hat, und versuche, still geworden, ihre innere Tiefe und ihre Bedeutung auf sich wirken zu lassen, eine Bedeutung, die über Worte und Reflexionen hinausreicht. Allmählich wird man ein Gefühl für Mystik bekommen.

Oder man bewahre die Geschichte den ganzen Tag im Herzen und lasse sich von ihrem Duft oder ihrer Melodie bedrängen. Sie soll das Herz, nicht den Verstand ansprechen. Auch dadurch kann man Zugang zur Mystik bekommen. Die meisten dieser Geschichten wurden ursprünglich zu diesem Zweck erzählt.

Warnung

Den meisten Geschichten folgt eine Anmerkung. Sie soll beispielhaft zu eigenen Reflexionen anregen. Genau das wird erstrebt. Man beschränke sich nicht auf die in diesem Buch gegebenen Kommentare, sie könnten einengen oder sogar irreführen.

Man hüte sich, die Geschichte auf irgend jemand anderen (Priester, Mulla, Kirche, Nachbarn) als auf sich selbst zu beziehen. In diesem Fall könnte die Geschichte im geistigen Sinne Schaden zufügen. Alle Geschichten handeln von DIR, von niemand sonst.

Liest man dieses Buch zum erstenmal, sollte man die Geschichten in der hier gegebenen Reihenfolge lesen, denn sie vermittelt eine Lehre und ergibt einen Sinn. Das ginge bei wahllosem Lesen verloren.

Glossar

Theologie: die Kunst, Geschichten über das Göttliche zu erzählen; desgleichen die Kunst, diesen Geschichten zuzuhören.

Mystik: die Kunst, im eigenen Herzen die innere Bedeutung solcher Geschichten so zu erleben und zu spüren, daß man davon verwandelt wird.

Iß deine eigene Frucht

Ein Schüler beklagte sich einst bei seinem Lehrer: „Ihr erzählt uns Geschichten, aber nie enthüllt Ihr ihre Bedeutung."

Sagte der Meister: „Wie würde es euch gefallen, wenn euch jemand vorgekaute Früchte anböte?"

Niemand kann es euch abnehmen, nach der Bedeutung zu suchen, die die Geschichte *für euch* hat. Nicht einmal der Meister.

Das Lied des Vogels

Die Schüler hatten viele Fragen in bezug auf Gott.

Sagte der Meister: „Gott ist das Unbekannte und Unerkennbare. Jede Aussage über ihn entstellt die Wahrheit."

Die Schüler waren verwirrt. „Warum sprecht Ihr dann überhaupt von Gott?"

„Warum singt der Vogel?" sagte der Meister.

Ein Vogel singt nicht, weil er eine Aussage machen will. Er singt, weil ihm ein Lied gegeben ist.

Die Worte eines Gelehrten wollen verstanden werden. Den Worten des Meisters aber soll man lauschen, wie man dem Wind in den Bäumen lauscht, dem Rauschen des Flusses und dem Lied des Vogels. Sie werden im Herzen etwas wachrufen, was alles Wissen übersteigt.

Ein entscheidender Unterschied

Uwais, der Sufi, wurde einmal gefragt: „Was hat Euch die Gnade gebracht?"

Er antwortete: „Wenn ich morgens erwache, fühle ich mich wie ein Mensch, der nicht sicher ist, ob er den Abend erleben wird."

Sagte der Fragende: „Aber geht es nicht allen Menschen so?"

Sagte Uwais: „Sicher. Aber nicht alle fühlen es."
Noch nie wurde jemand davon betrunken, daß er das Wort WEIN mit dem Verstand erfaßt hat.

Der Stachel

Ein Heiliger erhielt einst die Gabe, die Sprache der Ameisen sprechen zu können. Er wandte sich an eine, die genügend belesen erschien, und fragte: „Wem ähnelt der Allmächtige? Gleicht er irgendwie einer Ameise?"

Sagte die Gelehrte: „Der Allmächtige? Bestimmt nicht! Wir Ameisen, müßt Ihr wissen, haben nur einen Stachel. Aber der Allmächtige hat zwei!"

Mögliche Fortsetzung der obigen Geschichte:

Auf die Frage, wie es im Himmel aussehe, antwortete der Ameisengelehrte feierlich: „Dort werden wir sein wie Er, jeder wird zwei Stachel haben, nur kleinere."

Zwischen Vertretern theologischer Schulen ist eine erbitterte Auseinandersetzung darüber im Gange, wo genau der zweite Stachel im himmlischen Körper der Ameise sich befinden wird.

Die königliche Taube

Nasrudin wurde Premierminister des Königs. Als er einmal durch den Palast wanderte, sah er zum erstenmal in seinem Leben einen königlichen Falken.

Nasrudin hatte noch nie zuvor eine solche Vogelart gesehen. Also nahm er die Schere und beschnitt die Klauen, die Schwingen und den Schnabel des Falken.

„Nun siehst du aus wie ein anständiger Vogel", sagte er, „Dein Wärter hat dich stiefmütterlich behandelt."

Es ist ein Kreuz mit frommen Leuten, die keine andere Welt kennen als die, in der sie leben, und von den Menschen, mit denen sie doch reden, nichts lernen!

Rettung eines Fisches auf Affenart

Was um Himmels willen tust du?" fragte ich den Affen, als ich sah, daß er einen Fisch aus dem Wasser holte und ihn auf den Zweig eines Baumes setzte.

„Ich rette ihn vor dem Ertrinken", war die Antwort.

Des einen Tod ist des anderen Brot.

Die Sonne, die des Adlers Blick schärft, blendet die Eule.

Salz und Baumwolle im Fluß

Nasrudin brachte eine Ladung Salz auf den Markt. Sein Esel watete durch den Fluß, und das Salz löste sich auf. Als das Tier das jenseitige Ufer erreicht hatte, sprang es voller Freude über seine leicht gewordene Last im Kreise umher. Aber Nasrudin ärgerte sich.

Am nächsten Markttag packte er die Körbe voll Baumwolle. Der Esel wurde von der immer schwerer werdenden Last beinahe unter Wasser gezogen, als er den Fluß durchquerte.

„Da hast du's", sagte Nasrudin fröhlich. „Das soll dir eine Lehre sein, damit du nicht denkst, es sei immer lohnend, durch Wasser zu waten."

Zwei Männer versuchten es mit der Religion. Der eine wurde neu belebt, der andere ertrank.

Die Suche nach dem Esel

Alle, die ihn sahen, erschraken, als Mulla Nasrudin auf seinem Esel durch das Dorf galoppierte.

„Wohin wollt Ihr, Mulla?" fragten sie.

„Ich suche meinen Esel", sagte der Mulla, als er vorbeiflitzte.

Der Zenmeister Rinzai wurde einst beobachtet, wie er seinen Körper suchte. Seine nicht erleuchteten Schüler amüsierten sich köstlich.

Man trifft sogar auf Menschen, die ernsthaft nach Gott suchen!

Wahre Geistigkeit

Der Meister wurde gefragt: „Was ist Geistigkeit?" Er sagte: „Geistigkeit ist das, was im Menschen eine innere Verwandlung bewirkt."

„Aber wenn ich die von den Meistern überlieferten traditionellen Methoden anwende, ist das nicht Geistigkeit?"

„Wenn es für dich nichts bewirkt, ist es nicht Geistigkeit. Eine Decke ist keine Decke mehr, wenn sie dich nicht wärmt."

„Also ändert sich Geistigkeit?"

„Die Menschen ändern sich und brauchen Veränderungen. Was also einst Geistigkeit war, ist heute keine mehr. Was im allgemeinen unter der Bezeichnung Geistigkeit läuft, ist nur noch die Erinnerung an vergangene Methoden."

Schneide den Mantel so zu, daß er dem Menschen paßt. Schneide nicht den Menschen zu, daß er in den Mantel paßt.

Der kleine Fisch

Entschuldigung", sagte ein Fisch aus dem Ozean zu einem anderen. „Du bist älter und erfahrener als ich und kannst mir wahrscheinlich helfen. Sag mir, wo kann ich die Sache finden, die man Ozean nennt? Ich habe vergeblich überall danach gesucht."

„Der Ozean", sagte der ältere Fisch, „ist das, worin du jetzt schwimmst."

„Das? Aber das ist ja nur Wasser. Ich suche den Ozean", sagte der jüngere Fisch sehr enttäuscht und schwamm davon, um anderswo zu suchen.

Er kam zu dem Meister im Sannyasi-Gewand. Und er sprach in der Sprache der Sannyasi: „Jahrelang habe ich nun nach Gott gesucht. Ich bin von zu Hause weggegangen und habe überall nach Ihm Ausschau gehalten, wo Er angeblich sein soll: auf Bergesgipfeln, im Herzen der Wüste, in der Stille der Klöster und in den Behausungen der Armen."

„Hast du ihn gefunden?" fragte der Meister.

„Ich wäre ein eitler Lügner, sagte ich ja. Nein, ich habe Ihn nicht gefunden. Und Ihr?"

Was konnte ihm der Meister antworten? Die Abendsonne sandte goldene Strahlen in den Raum. Hunderte von Sperlingen tschilpten vergnügt auf einem nahen Feigenbaum. In der Ferne konnte man Straßenlärm hören. Ein Moskito summte warnend am Ohr, daß er gleich zustechen würde... und doch konnte dieser gute Mann dasitzen und sagen, er hätte Gott nicht gefunden, er würde immer noch nach ihm suchen.

Nach einer Weile verließ er enttäuscht das Zimmer des Meisters, um anderswo weiterzusuchen.

Kleiner Fisch, hör auf zu suchen, es gibt nichts zu suchen. Sei einfach still, öffne die Augen und sieh dich um. Du kannst es nicht übersehen.

Hast du den Vogel singen hören?

Das hinduistische Indien schuf ein schönes Bild, um die Beziehung zwischen Gott und seiner Schöpfung zu beschreiben. Gott „tanzt" seine Schöpfung. Er ist der Tänzer, die Schöpfung der Tanz. Der Tanz ist etwas anderes als der Tänzer, und doch gäbe es keinen Tanz ohne Ihn. Man kann ihn nicht nach Belieben in einer Schachtel mit nach

Hause nehmen. Wenn der Tänzer innehält, gibt es keinen Tanz mehr.

Auf seiner Suche nach Gott denkt der Mensch zuviel, überlegt zuviel, redet zuviel. Selbst wenn er diesen Tanz betrachtet, den wir Schöpfung nennen, grübelt er die ganze Zeit, spricht (zu sich und anderen), überlegt, analysiert und philosophiert. Worte, Worte, Worte. Lärm, Lärm, Lärm.

Sei still und sieh dem Tanz zu. Nur hinschauen: ein Stern, eine Blume, ein welkendes Blatt, ein Vogel, ein Stein. Jeder Teil des Tanzes ist geeignet. Schauen, lauschen, riechen, berühren, schmecken. Und sicher wird es nicht lange dauern, bis du Ihn siehst, den Tänzer selbst!

Der Schüler beklagte sich ständig gegenüber seinem Zen-Meister: „Ihr verbergt das letzte Geheimnis des Zen vor mir." Und er wollte es nicht glauben, als der Meister verneinte.

Eines Tages machte der Meister mit ihm einen Spaziergang in der hügeligen Landschaft. Unterwegs hörten sie einen Vogel singen.

„Hast du den Vogel singen hören?" fragte der Meister.

„Ja", sagte der Schüler.

„Also, nun weißt du, daß ich nichts vor dir verborgen habe."

„Ja", sagte der Schüler.

Wenn du wirklich einen Vogel singen hörtest, wenn du wirklich einen Baum sähest – wüßtest du – jenseits aller Worte und Begriffe.

Was hast du gesagt? Du hättest Dutzende von Vögeln singen hören und Hunderte von Bäumen gesehen? Nun, sahst du den Baum oder den Begriff? Wenn du einen Baum betrachtest und einen Baum siehst, hast du in Wirklichkeit nicht den Baum gesehen. Wenn du einen Baum betrachtest und ein

Wunder siehst, dann hast du endlich einen Baum gesehen! War dein Herz je erfüllt von sprachlosem Staunen, wenn du das Lied eines Vogels hörtest?

Ich hacke Holz!

Als der Zen-Meister Erleuchtung erlangte, schrieb er zur Feier der Stunde:

„Welch außerordentliches Wunder: Ich hacke Holz! Ich schöpfe Wasser aus dem Brunnen!"
Für die meisten Menschen ist nichts Wunderbares an so prosaischen Tätigkeiten wie dem Schöpfen des Wassers aus einem Brunnen oder dem Holzhacken. Nach der Erleuchtung ändert sich im Grunde nichts. Alles bleibt dasselbe. Nur das eigene Herz ist jetzt voller Staunen. Der Baum ist derselbe Baum; und die Menschen sind die gleichen wie zuvor; und du selbst auch; und das Leben verläuft nicht anders als vorher. Du bist vielleicht genauso übellaunig oder gelassen, genauso weise oder töricht wie zuvor. Es gibt nur einen entscheidenden Unterschied: Du siehst nun alle Dinge mit anderen Augen an. Du stehst darüber. Und dein Herz ist voller Staunen.

Das ist die Essenz der Kontemplation: das Gefühl des Staunens.

Kontemplation unterscheidet sich von Ekstase insofern, als Ekstase zum Rückzug auf sich selbst führt. Der erleuchtete Kontemplative hackt weiter Holz und schöpft Wasser aus dem Brunnen. Kontemplation unterscheidet sich von der Wahrnehmung des Schönen dadurch, daß letzteres ästhetisches Entzücken hervorruft (bei der Betrachtung eines Gemäldes oder eines Sonnenunterganges), während Kontemplation Staunen bewirkt – gleichgültig ob es sich um einen Sonnenuntergang oder die Betrachtung eines Steines handelt.

Das ist das Vorrecht des Kindes. Es ist immer wieder von neuem erstaunt. Also fühlt es sich wie selbstverständlich im himmlischen Königreich zu Hause.

Bambus

Unser Hund Brownie saß in perfekter Habachtstellung mit gespitzten Ohren, nervös mit dem Schwanz wedelnd, und blickte aufmerksam hinauf in einen Baum. Er hatte es auf einen Affen abgesehen. Nur eine Sache beschäftigte ihn: der Affe. Und da er nicht denken kann, störte kein einziger Gedanke seine völlige Versenkung: kein Gedanke daran etwa, was er abends fressen würde, ob es überhaupt etwas zum Fressen geben oder wo er schlafen würde. Ich habe noch kein Wesen gesehen, das dem Inbegriff von Kontemplation so nahe kam wie Brownie.

Vielleicht hast du selbst schon einmal Ähnliches erfahren, z. B. bei der Beobachtung eines spielenden Kätzchens, das dich völlig in Anspruch nahm. Das ist ein Weg, um einen Zustand der Versenkung zu erreichen, der auch nicht schlechter ist als andere, die ich kenne: sich völlig der Gegenwart hingeben.

Ein bißchen viel verlangt, in der Tat: jeden Gedanken an die Zukunft fallen lassen, desgleichen jeden Gedanken an die Vergangenheit – im Grunde jeden Gedanken überhaupt –, auch jede Zeitrechnung und völlig in der Gegenwart leben. Dann wird man Versenkung erleben!

Nach Jahren der Schulung bat der Schüler seinen Lehrer, ihm Erleuchtung zu geben. Der Meister führte ihn zu einem Bambushain und sagte: „Betrachte diesen Bambus hier, wie hoch er ist, und sieh den anderen dort, wie niedrig er ist."

Und in diesem Augenblick wurde der Schüler erleuchtet.

Es wird erzählt, Buddha versuchte jede Art der Geistigkeit, jede Form der Askese, jede Schulung, die in dem Indien seiner Zeit möglich war, in seinem Bemühen, Erleuchtung zu erlangen. Alles vergeblich. Schließlich saß er eines Tages unter einem Feigenbaum und wurde erleuchtet. Er gab das Geheimnis der Erleuchtung an seine Schüler mit Worten weiter, die dem Nichteingeweihten rätselhaft erscheinen mußten, besonders dem, der auf Gedanken schwört. „Wenn ihr tief einatmet, o Mönche, seid euch bewußt, daß ihr tief einatmet. Und wenn ihr nur flach atmet, o Mönche, seid euch bewußt, daß ihr einen flachen Atemzug tut. Und wenn ihr einen mittleren Atemzug tut, o Mönche, seid euch bewußt, daß ihr einen mittleren Atemzug tut." Bewußtmachen, Aufmerksamkeit, Versenkung. Weiter nichts.

Diese Art der Versenkung beobachtet man bei kleinen Kindern. Sie finden leicht Zugang zum himmlischen Königreich.

Ständige Bewußtheit

Kein Zen-Schüler würde es wagen, andere zu lehren, wenn er nicht mindestens zehn Jahre bei seinem Meister gelebt hat.

Nachdem Tenno seine zehn Lehrjahre durchgemacht hatte, wurde er Lehrer. Eines Tages besuchte er den Meister Nan-in. Es war ein regnerischer Tag, also trug Tenno Holzschuhe und hatte einen Regenschirm dabei.

Als Tenno eintrat, sagte Nan-in zu ihm: „Du hast doch deine Holzschuhe und deinen Regenschirm vor der Tür gelassen, nicht wahr? Sag mir, hast du den Schirm rechts von den Holzschuhen abgestellt oder links?"

Tenno wußte keine Antwort und war verwirrt. Er merkte, daß er nicht fähig gewesen war, ständige Bewußtheit zu praktizieren. Also wurde er Nan-ins Schüler und studierte weitere zehn Jahre, um so weit zu kommen, sich ständig seines Tuns bewußt zu sein.

Der Mensch, der sich ständig seines Tuns bewußt ist; der Mensch, der in jedem Augenblick voll da ist: das ist der Meister!

Heiligkeit – jetzt

Buddha wurde einmal gefragt: „Wer ist heilig?" Er antwortete: „Jede Stunde ist in Sekunden eingeteilt und jede Sekunde in Sekundenbruchteile. Wer in jedem Bruchteil einer Sekunde voll bewußt gegenwärtig ist, ist wahrlich ein heiliger Mensch."

Ein japanischer Krieger wurde von seinen Feinden gefangengenommen und in eine Gefängniszelle geworfen. Er konnte nachts nicht schlafen, denn er war überzeugt, am nächsten Tag grausam gefoltert zu werden.

Dann fielen ihm die Worte seines Zen-Meisters ein: „Morgen ist nicht wirklich. Die einzige Wirklichkeit ist die Gegenwart."

Also besann er sich auf die Gegenwart und fiel in tiefen Schlaf.

Der Mensch, den die Zukunft nicht mehr in den Fängen hält: er ähnelt den Vögeln in der Luft und den Lilien auf dem Felde. Keine Angst vor dem Morgen. Völlig in der Gegenwart leben. Der heilige Mensch!

Die Tempelglocken

Der Tempel hatte auf einer zwei Meilen in der offenen See gelegenen Insel gestanden. In ihm befanden sich tausend Glocken. Große und kleine, Glocken, von den besten Handwerkern der Welt gegossen. Wenn der Wind wehte oder ein Sturm wütete, begannen alle Glocken gleichzeitig zu ertönen und in einer Symphonie zusammenzuklingen, die das Herz des Hörers in Entzücken versetzte.

Aber im Laufe der Jahrhunderte versank die Insel im Meer und mit ihr der Tempel und die Glocken. Nach einer alten Überlieferung ertönten die Glokken auch weiterhin, unaufhörlich, und jeder konnte sie hören, der aufmerksam lauschte. Beflügelt von dieser Überlieferung, reiste ein junger Mann Tausende von Meilen, um dieses Wunder zu hören. Tagelang saß er an der Küste, der Stelle gegenüber, wo der Tempel einst gestanden hatte und lauschte – lauschte mit allen Fasern seines Herzens. Aber er hörte nur die sich am Strand brechenden Wellen. Er bemühte sich immer wieder, das Brausen der Wellen zu verdrängen, damit er die Glocken hören konnte. Aber vergeblich; das Rauschen des Meeres schien das Universum zu überfluten.

Viele Wochen blieb er seiner Aufgabe treu. Wenn er entmutigt war, pflegte er den Worten der Dorf-Pandits zu lauschen, die überschwenglich die Legende der Tempelglocken erzählten und jene erwähnten, die sie gehört und damit ihre Wahrheit bekräftigt hatten. Und sein Herz begann zu brennen, als er ihre Worte hörte, nur um wieder entmutigt zu sinken, als wochenlanges Bemühen nichts ergab.

Schließlich beschloß er, den Versuch aufzugeben. Vielleicht war es ihm nicht bestimmt, zu den Glücklichen zu gehören, die die Glocken vernehmen konnten. Vielleicht stimmte die Legende nicht. Er wollte nach Hause zurückkehren und seinen Mißerfolg eingestehen. Am letzten Tag ging er zu seinem Lieblingsplatz am Strand, um sich von der See, dem Himmel, dem Wind und den Kokospalmen zu verabschieden. Er lag im Sand, blickte in den Himmel und lauschte dem Rauschen des Meeres. An diesem Tag sträubte er sich nicht gegen das Rauschen. Im Gegenteil, er gab sich ihm hin und empfand das Tosen der Wellen angenehm und beruhigend. Bald hatte er sich so in diesem Klang verloren, daß er sich seiner selbst kaum mehr bewußt war, so tief war die Stille in seinem Herzen geworden.

In der Tiefe dieser Stille hörte er es! Das helle Klingeln einer winzigen Glocke, gefolgt von einer anderen und noch einer anderen und wieder einer anderen... und bald ertönten alle tausend Tempelglocken in wunderbarem Zusammenklang, und sein Herz war außer sich vor Freude und Staunen.

Wenn du die Tempelglocken hören willst, lausche dem Klang des Meeres.

Wenn du Gott sehen willst, sieh dir die Schöpfung mit offenen Augen an. Lehne sie nicht ab, grübele nicht darüber nach. Sieh sie dir einfach an.

Das Wort ward Fleisch

Im Evangelium des heiligen Johannes lesen wir: Das Wort ward Fleisch und wohnte unter uns... durch das Wort entstanden alle Dinge; nichts wurde ohne Es geschaffen. Alles Entstandene war lebendig durch sein Leben, und dieses Leben war das Licht der Menschen. Das Licht scheint weiter in der Dunkelheit, und die Dunkelheit hat es nie ausgelöscht.

Blick unverwandt in die Dunkelheit. Es wird nicht lange dauern, bis du das Licht siehst. Betrachte alle Dinge schweigend. Es wird nicht lange dauern, bis du das Wort siehst.

Das Wort ward Fleisch; es wohnte unter uns...

Es ist bitter, sehen zu müssen, wie krampfhaft versucht wird, das Fleisch wieder in Wort zurückzuverwandeln. Worte, Worte, Worte.

Der menschliche Götze

Eine alte Hindugeschichte:

Ein Kaufmann erlitt einst Schiffbruch und wurde an die Küste Ceylons verschlagen, wo Vibhishana König der Ungeheuer war. Man brachte den Kaufmann vor den König. Bei seinem Anblick brach Vibhishana in Begeisterung aus und sagte: „Ach! Er sieht genau so aus wie mein Rama. Die gleiche menschliche Gestalt!"

Er ließ dann den Kaufmann mit kostbaren Gewändern und Edelsteinen schmücken und betete ihn an.

Der Hindu-Mystiker, Ramakrishna, sagt: „Als ich die Geschichte zum erstenmal hörte, empfand ich eine unbeschreibliche Freude. Wenn Gott durch ein tönernes Abbild verehrt werden kann, warum dann nicht durch einen Menschen?"

Die Frage

Sagte der Mönch: „Woher kommen diese Berge und Flüsse und die Erde und die Sterne?"

Sagte der Meister: „Woher kommt deine Frage?"

Blicke in dich!

Beschilderung

Das Leben ist wie eine Flasche voll berauschendes Weines. Einige begnügen sich damit, die Schilder auf der Flasche zu lesen. Einige probieren den Inhalt.

Buddha zeigte seinen Schülern einst eine Blume und forderte jeden auf, etwas über sie zu sagen.

Eine Weile betrachteten sie sie schweigend.

Einer hielt eine philosophische Abhandlung über die Blume. Ein anderer verfaßte ein Gedicht, wieder ein anderer ein Gleichnis. Alle waren bemüht, einander an Tiefsinn auszustechen.

Sie stellten Etiketten her!

Mahakashyap blickte auf die Blume, lächelte und sagte nichts. Nur er hatte sie gesehen.

Wenn ich nur einen Vogel genießen könnte, eine Blume, einen Baum, ein Menschengesicht!

Aber leider! Ich habe keine Zeit!

Ich bin zu sehr damit beschäftigt, die Aufschriften zu lesen und selbst welche zu verfassen. Nie war ich auch nur einmal trunken von dem Wein.

GOTT
BAUM
BLUME

Die Formel

Der Mystiker war aus der Wüste zurückgekehrt. Begierig fragten sie: „Sag uns, wie ist Gott?"

Aber wie könnte er je in Worte kleiden, was er in den Tiefen seines Herzens erfahren hatte? Kann man Wahrheit in Worte fassen?

Schließlich gab er ihnen eine Formel – ungenau und unzulänglich – in der Hoffnung, einige dadurch zu veranlassen, selbst zu suchen, was er erfahren hatte.

Sie klammerten sich an die Formel. Sie machten einen heiligen Text daraus. Sie drängten es jedem als heiligen Glauben auf. Sie gaben sich große Mühe, ihn in fremden Landen zu verbreiten. Und einige opferten sogar ihr Leben dafür.

Und der Mystiker war traurig. Vielleicht hätte er besser geschwiegen.

Der Forscher

Der Forschungsreisende war zu seinem Volk zurückgekehrt, und jeder war begierig, alles ganz genau über den Amazonas zu erfahren.

Aber wie konnte er je das Gefühl in Worte fassen, das sein Herz erfüllte, als er Blumen von atemberaubender Schönheit sah und die Geräusche im nachtdunklen Wald vernahm? Wie sollte er ihnen vermitteln, wie sich sein Herz zusammenzog, wenn er die gefährliche Nähe wilder Tiere spürte oder sein Kanu über riskante Strecken des Flusses steuerte?

Er sagte: „Geht hin, und sucht es selbst herauszufinden. Persönliches Risiko und Erfahrung sind nicht zu ersetzen." Um ihnen jedoch einige Anhaltspunkte zu geben, zeichnete er eine Karte des Amazonas. Sie stürzten sich auf die Karte. Sie rahmten sie und hingen sie in ihrem Rathaus auf. Jeder erhielt eine eigene Kopie. Und jeder, der eine Kopie hatte, hielt sich für einen Amazonas-Experten, denn kannte er nicht jede Krümmung und Biegung des Flusses, und wußte er nicht, wie breit und tief er war, wo die Stromschnellen sich befanden und wo die Wasserfälle?

Der Forscher bereute die Karte. Sicher wäre es besser gewesen, nichts aufzuzeichnen.

Es wird gesagt, Buddha hätte sich stets geweigert, in ein Gespräch über Gott verwickelt zu werden.

Wahrscheinlich wußte er, daß es gefährlich war, Karten für potentielle Gelehrte zu zeichnen.

Thomas von Aquin hört auf zu schreiben

Es wird erzählt, daß Thomas von Aquin, einer der gelehrtesten Theologen, die es je gab, gegen Ende seines Lebens plötzlich aufhörte zu schreiben. Als sein Sekretär beklagte, daß sein Werk unvollendet sei, erwiderte Thomas: „Bruder Reginald, als ich vor einigen Monaten die Messe feierte, erfuhr ich etwas von dem Göttlichen. An jenem Tag verlor ich alle Lust zu schreiben, und alles, was ich je über Gott geschrieben habe, erscheint mir jetzt wie leeres Stroh."

Wie könnte es auch anders sein, wenn der Gelehrte zum Mystiker wird?

Als der Mystiker aus den Bergen zurückkam, sprach ihn der Atheist an und fragte sarkastisch: „Was bringt Ihr uns aus jenem Garten der Freuden, in dem Ihr weiltet?"

Der Mystiker erwiderte: „Ich hatte fest vor, meinen Rock mit Blumen zu füllen und meinen Freunden bei meiner Rückkehr davon zu schenken. Aber als ich dort war, wurde ich so berauscht von dem Duft des Gartens, daß ich den geschürzten Rock fallen ließ."

Die Zen-Meister drücken es knapper aus: „Der, der weiß, spricht nicht. Der, der spricht, weiß nichts."

Der leidende Derwisch

Ein Derwisch saß friedlich an einem Fluß, als sich ein Vorübergehender beim Anblick seines bloßen Nackens hinreißen ließ, ihm einen schallenden Schlag zu versetzen. Es machte ihm Spaß, den Schlag auf den Nacken des Derwischs knallen zu hören, aber dieser, den ein stechender Schmerz durchfuhr, sprang auf, um zurückzuschlagen.

„Warte eine Minute", sagte der Angreifer. „Du kannst mich schlagen, wenn du willst. Aber zunächst beantworte diese Frage, die sich mir plötzlich stellte: ‚Rührte der Knall von meiner Hand her oder von deinem Nacken?'"

Sagte der Derwisch: „Das kannst du dir selbst beantworten. Mir tut es so weh, daß ich keine Lust zum Theoretisieren habe. Du bist dazu imstande, weil du nicht fühlst, was ich fühle."

Wenn das Göttliche erfahren wird, nimmt die Lust am Theoretisieren beträchtlich ab.

Eine Note der Weisheit

Niemand wußte, was aus Kakua wurde, als er sich aus der kaiserlichen Gegenwart zurückzog. Er verschwand einfach. Das ist seine Geschichte:

Kakua war der erste Japaner, der Zen in China lernte. Er reiste nie, sondern meditierte mit Hingabe. Wenn ihn Leute aufsuchten und ihn baten zu predigen, sagte er stets nur einige Worte und zog sich dann in einen anderen Teil des Waldes zurück, wo man ihn nicht so leicht finden würde.

Als Kakua nach Japan zurückkehrte, hörte der Kaiser von ihm und bat ihn, zu seinem und des ganzen Hofes Gewinn Zen zu predigen. Kakua stand schweigend vor dem Kaiser. Dann zog er eine Flöte aus den Falten seines Gewandes und blies eine kurze Note. Dann verbeugte er sich tief vor dem Herrscher und verschwand.

Konfuzius sagt: „Einen Menschen, der reif ist, nicht zu lehren heißt seine Chance vergeuden. Einen Menschen, der nicht reif ist, zu lehren heißt Worte vergeuden."

Was sagt Ihr da?

Der Meister hinterläßt seine Weisheit in den Herzen seiner Schüler, nicht in den Seiten eines Buches. Der Schüler bewahrt diese Weisheit vielleicht dreißig oder vierzig Jahre tief in seinem Herzen, bis er auf jemanden stößt, der bereit ist, sie zu empfangen. Das war Zen-Tradition.

Der Zen-Meister Mu-nan wußte, daß er nur einen Nachfolger hatte, seinen Schüler Shoju. Eines

Tages ließ er ihn holen und sagte: „Ich bin nun ein alter Mann, Shoju, und du wirst diese Lehre weitergeben. Hier ist ein Buch, das seit sieben Generationen von Meister zu Meister weitergereicht wurde. Ich habe auch einige Anmerkungen hinzugefügt, und du wirst dieses Buch nützlich finden. Hier, nimm es als Zeichen, daß du mein Nachfolger bist."

„Besser, das Buch bleibt bei Euch", sagte Shoju, „ich habe Eure Zen-Lehre ohne ein geschriebenes Wort erhalten und will es auch weiter so halten."

„Ich weiß, ich weiß", sagte Mu-nan geduldig, „aber immerhin hat dieses Buch sieben Generationen gedient und kann auch dir hilfreich sein. Hier, behalte es bei dir."

Während dieses Gesprächs standen die beiden zufällig neben dem Feuerplatz. Im gleichen Augenblick, als das Buch Shojus Hand berührte, warf er es in Feuer. Er war nicht versessen auf geschriebene Worte.

Mu-nan, der nie zuvor wütend gewesen sein soll, schrie: „Was machst du da für Blödsinn?"

Shoju schrie zurück: „Was redet Ihr da für Blödsinn?"

Der Guru berichtet unmißverständlich von seinen eigenen Erfahrungen. Er zitiert keine Bücher.

Der Teufel und sein Freund

Eines Tages machte der Teufel mit einem Freund einen Spaziergang. Sie sahen, wie sich vor ihnen ein Mann bückte und etwas aufhob.

„Was hat dieser Mann gefunden?" fragte der Freund.

„Ein Stück Wahrheit", sagte der Teufel.

„Beunruhigt dich das nicht?" fragte der Freund.

WAHRHEIT

„Nein, durchaus nicht", sagte der Teufel, „ich werde ihm gestatten, ein religiöses Glaubensbekenntnis daraus zu machen."

Ein religiöses Bekenntnis ist ein Wegweiser, der den Weg zur Wahrheit zeigt. Menschen, die sich krampfhaft an den Wegweiser halten, werden daran gehindert, auf die Wahrheit zuzugehen, weil sie irrtümlicherweise glauben, sie schon zu besitzen.

Knochen als Glaubensbeweis

Ein christlicher Gelehrter, der jede Einzelheit in der Bibel wortwörtlich nahm, wurde einst von einem Kollegen gefragt: „Laut Bibel wurde die Erde vor rund 5000 Jahren geschaffen. Aber wir haben Knochen ausgegraben, die zeigen, daß schon vor Hunderttausenden von Jahren Leben auf diesem Planeten existierte."

Schlagfertig erwiderte der Gelehrte: „Als Gott die Erde vor 5000 Jahren schuf, vergrub er absichtlich diese Knochen im Boden, um zu sehen, ob wir wissenschaftlichen Behauptungen mehr Glauben schenken als Seinem Heiligen Wort."

Ein weiterer Beweis, daß sturer Glauben zur Entstellung der Wirklichkeit führt.

Warum gute Menschen sterben

Der Dorfgeistliche besuchte das Haus eines älteren Pfarrkindes, und bei einer Tasse Kaffee beantwortete er einige Fragen der Großmutter.

„Warum schickt uns der Herr immer wieder Epidemien?" fragte die alte Dame.

„Nun ja", sagte der Geistliche, „manchmal werden die Leute so böse, daß sie beseitigt werden müssen, und daher erlaubt der liebe Gott, daß Epidemien ausbrechen."

„Aber", widersprach Großmutter, „warum werden so viele gute Leute zusammen mit den bösen beseitigt?"

„Die guten werden als Zeugen abgerufen", erklärte der Geistliche. „Der Herr will jeder Seele einen fairen Prozeß machen."

Ein starr glaubender Mensch wird für alles und jedes eine Erklärung finden.

Der Meister weiß es nicht

Der Suchende näherte sich ehrerbietig dem Schüler und fragte: „Was ist der Sinn des menschlichen Lebens?"

Der Schüler zog die Werke seines Meisters zu Rate und erwiderte getrost mit des Meisters eignen Worten: „Menschliches Leben ist nichts weiter als der Ausdruck von Gottes Überfluß."

Als der Suchende den Meister selbst traf und ihm die gleiche Frage stellte, sagte der Meister: „Ich weiß es nicht."

Der Suchende sagt: „Ich weiß es nicht." Das zu sagen erfordert Ehrlichkeit.

Der Meister sagt: „Ich weiß es nicht." Das erfordert ein mystisches Denken, das alle Dinge durch Nicht-Wissen erkennt.

Der Schüler sagt: „Ich weiß es." Das bedeutet Unwissenheit in der Form geborgten Wissens.

Weizen aus ägyptischen Gräbern

Eine Handvoll Weizenkörner wurde in dem Grab eines der alten ägyptischen Könige gefunden. Fünftausend Jahre alt. Irgend jemand pflanzte die Körner ein und gab ihnen Wasser. Und zu aller Erstaunen schlugen die Körner aus und keimten nach fünftausend Jahren.

Wenn ein Mensch erleuchtet wird, werden seine Worte zu Samen voller Leben und Kraft. Und sie können in Form von Samen Jahrhunderte überdauern, bis sie in ein empfängliches fruchtbares Herz gesät werden.

Ich dachte immer, die Worte der Schrift wären tot und trocken. Ich weiß jetzt, sie sind voller Kraft und Leben. Es war mein Herz, das steinern und tot war, wie hätte also irgend etwas dort wachsen können?

Ein Blick in seine Augen

Der Befehlshaber der Besatzungstruppen sagte zu dem Bürgermeister des Bergdorfes: „Wir sind sicher, daß Ihr einen Verräter in Eurem Dorf versteckt. Wenn Ihr ihn uns nicht übergebt, werden wir Euch und die Dorfbewohner in Angst und Schrecken versetzen."

In der Tat versteckte sich ein Mann in dem Dorf, der gut und aufrichtig schien und von allen geliebt wurde. Aber was konnte der Bürgermeister tun, wenn das Wohlergehen des ganzen Dorfes auf dem Spiel stand? Tagelange Beratungen im Dorfrat führten zu keinem Entschluß. Also beriet der Bürgermeister die Angelegenheit schließlich mit dem

Dorfgeistlichen. Der Priester und der Bürgermeister suchten eine ganze Nacht in der Schrift und stießen zuletzt auf eine Lösung. Ein Text lautete: „Es ist besser, einer stirbt und das Volk wird gerettet."

Also übergab der Bürgermeister den unschuldigen Mann den Besatzungstruppen und bat ihn deswegen um Vergebung. Der Mann sagte, es sei nichts zu vergeben. Er würde das Dorf nicht in Gefahr bringen wollen. Er wurde grausam gefoltert, bis seine Schreie im ganzen Dorf zu hören waren, und schließlich wurde er getötet.

Zwanzig Jahre später kam ein Prophet durch jenes Dorf, ging direkt zu dem Bürgermeister und sagte: „Was habt Ihr getan? Dieser Mann war von Gott ausersehen, der Retter dieses Landes zu werden. Und Ihr habt ihn ausgeliefert, so daß er gefoltert und getötet wurde."

„Was konnte ich tun?" wandte der Bürgermeister ein. „Der Priester und ich sahen in der Schrift nach und handelten entsprechend."

„Das war Euer Fehler", sagte der Prophet, „Ihr saht in die Schrift. Ihr hättet auch in seine Augen sehen sollen."

Berichtigt die Heilige Schrift

Ein gelehrter Mann kam einst zu Buddha und sagte: „Was Ihr lehrt, Sir, steht nicht in den Heiligen Schriften."

„Dann fügt Ihr es doch in die Schriften ein", sagte Buddha.

Nach einer verlegenen Pause fuhr der Mann fort: „Darf ich mir die Kühnheit erlauben, Sir, anzudeuten, daß einiges von dem, was Ihr lehrt, den Heiligen Schriften direkt widerspricht?"

„Dann berichtigt die Schriften", sagte Buddha.

Den Vereinten Nationen wurde ein Vorschlag unterbreitet, die Heiligen Bücher aller Religionen der Welt zu überprüfen. Alles, was zu Intoleranz, Grausamkeit oder Fanatismus führen könnte, sollte gestrichen werden. Alles, was irgendwie gegen die Würde und das Wohlergehen der Menschen gerichtet wäre, sollte ausgelassen werden.

Als sich herausstellte, daß Jesus Christus selbst diesen Vorschlag gemacht hatte, stürzten Reporter zu seiner Residenz, um nähere Erläuterungen zu bekommen. Seine Erklärung war einfach und kurz: „Die Heiligen Schriften sind wie der Sabbat für den Menschen gemacht", sagte er, „nicht der Mensch für die Schriften."

Die Frau des blinden Mannes

Einen Menschen zu lehren, der noch nicht reif dafür ist, kann ausgesprochen schädlich sein:

Ein Mann, der eine sehr häßliche Tochter hatte, verheiratete sie an einen Blinden, denn kein anderer wollte sie haben.

Als sich ein Arzt erbot, des Blinden Augenlicht wiederherzustellen, wollte es der Vater des Mädchens nicht zulassen, denn er fürchtete, der Mann würde sich von seiner Tochter scheiden lassen.

Sa'di sagt von dieser Geschichte: „Der Ehemann einer häßlichen Frau sollte lieber blind bleiben."

Die Experten

Eine Sufi-Geschichte:

Ein Mann, den man für tot hielt, wurde von seinen Freunden zur Beerdigung getragen. Als der Sarg in das Grab hinabgelassen werden sollte, kam der Mann plötzlich wieder zu sich und schlug gegen den Sargdeckel.

Der Sarg wurde geöffnet; der Mann richtete sich auf. „Was tut ihr?" fragte er die versammelte Menge. „Ich lebe, ich bin nicht tot."

Seine Worte stießen auf verblüfftes Schweigen. Schließlich sagte einer der Trauergäste: „Mein Freund, sowohl die Ärzte wie die Priester haben deinen Tod bescheinigt. Die Fachleute können sich doch wohl nicht täuschen!"

Also wurde der Sargdeckel wieder zugeschraubt, und der Mann wurde beerdigt, wie es sich gehörte.

Die Fachleute

Mein religiöses Leben wird ganz und gar von Fachleuten gemanagt. Wenn ich beten lernen will, gehe ich zu einem geistigen Führer; um den Willen Gottes für mein Leben herauszufinden, wende ich mich an einen Exerzitienmeister; um meine Bibel zu verstehen, gehe ich zu einem Schriftgelehrten; um zu erfahren, ob ich gesündigt habe oder nicht, wende ich mich an einen Moraltheologen, und um mir meine Sünden vergeben zu lassen, gehe ich zu einem Priester.

Ein Eingeborenenkönig im Südpazifik gab einst ein Bankett zu Ehren eines vornehmen Gastes aus dem Westen.

Als es darum ging, den Gast zu würdigen, blieb Seine Majestät am Boden hocken, während ein zu diesem Zweck bestellter, berufsmäßiger Redner sich ins Zeug legte.

Nach der überschwenglichen Lobpreisung erhob sich der Gast, um dem König einige Dankesworte zu sagen. Seine Majestät hielt ihn freundlich zurück. „Bleibt sitzen", sagte er, „ich habe auch für Euch einen Redner engagiert. Auf unserer Insel sind wir der Meinung, öffentliche Reden sollten nicht Amateuren überlassen werden."

Ich frage mich, ob Gott es vielleicht schätzte, wenn ich ihm gegegenüber etwas mehr Amateur wäre?

Die Suppe aus Entensuppe

Einst besuchte ein Verwandter Nasrudin und brachte ihm eine Ente als Gastgeschenk. Nasrudin kochte den Vogel, und sie aßen ihn gemeinsam.

Bald folgte ein Gast dem anderen, und jeder behauptete, ein Freund des Freundes des ‚Mannes, der Euch die Ente brachte', zu sein. Natürlich erwartete jeder, wegen dieser Ente beherbergt und beköstigt zu werden.

Schließlich hielt der Mulla es nicht länger aus, als eines Tages wieder ein Fremder zu seinem Haus kam und sagte: „Ich bin ein Freund des Freundes Eures Verwandten, der Euch die Ente brachte", und wie die anderen sich niederließ und wartete, daß ihm aufgetischt werde, stellte Nasrudin eine Schüssel voll dampfenden heißen Wassers vor ihn. „Was ist das?" fragte der Fremde.

„Das", sagte der Mulla, „ist die Suppe aus Entensuppe, die mir mein Freund gebracht hat."

Es wird von Männern erzählt, die Schüler der Schüler der Schüler eines Mannes wurden, der persönlich Gott erfahren hatte.

Es ist unmöglich, einen Kuß durch Boten zu überbringen.

Das Ungeheuer im Fluß

Ein Dorfpriester wurde in seinen Gebeten durch spielende Kinder unter seinem Fenster abgelenkt. Um sie loszuwerden, rief er: „Unten am Fluß ist ein schreckliches Ungetüm. Lauft hin, dann werdet ihr sehen, wie es Feuer aus seinen Nasenlöchern bläst."

Bald hatte jeder im Dorf von dem gräßlichen Wesen gehört, und alles stürzte zum Fluß. Als der Priester das sah, schloß er sich der Menge an. Keuchend lief er hinunter zum Fluß, der vier Meilen entfernt war, und dachte: „Richtig, ich habe ja die Geschichte erfunden. Aber man kann nie wissen!"

Es ist einfach leichter, an die von uns geschaffenen Götter zu glauben, wenn wir andere von ihrer Existenz überzeugen können.

Der vergiftete Pfeil

Ein Mönch begab sich einst zu Buddha und sagte: „Überlebt die Seele des Gerechten den Tod?"

Bezeichnenderweise gab Buddha keine Antwort.

Aber der Mönch war hartnäckig. Jeden Tag stellte er die gleiche Frage, und jeden Tag war die Antwort Schweigen, bis er es nicht länger aushielt und drohte, das Kloster zu verlassen, wenn diese lebenswichtige Frage nicht beantwortet würde; denn wozu opferte er alles, um in dem Kloster zu leben, wenn die Seele des Gerechten nicht den Tod überdauerte?

Da erbarmte sich Buddha und sprach: „Du bist wie jener Mann, der, von einem vergifteten Pfeil getroffen, den sicheren Tod vor Augen hatte. Die Verwandten holten eilends einen Arzt, aber der Mann weigerte sich, den Pfeil herausziehen oder ein Heilmittel auf die Wunde auftragen zu lassen, wenn nicht zunächst drei lebenswichtige Fragen beantwortet würden:

Erstens, war der Mann, der auf ihn geschossen hatte, ein Weißer oder ein Schwarzer? Zweitens, war er groß oder klein? Und drittens, war er ein Brahmane oder ein Kastenloser? Ehe er nicht Antwort auf diese drei Fragen erhielte, weigerte sich der Mann, irgend etwas zu tun, um seinen Tod zu verhindern."

Der Mönch blieb im Kloster.

Es ist viel angenehmer, über den Weg zu reden, als ihm zu folgen, die Zusammensetzung der Medizin zu diskutieren, als sie einzunehmen.

Das Baby hört auf zu weinen

Er behauptete, er sei praktisch Atheist. Bei ehrlicher Selbsteinschätzung müßte er zugeben, daß er die Dinge, die ihn seine Religion lehrte, nicht wirklich glaubte. Die Existenz Gottes schüfe genauso viele Probleme, wie sie löse; das Leben nach dem Tode sei Wunschdenken; die heiligen Schriften und Überlieferungen hätten sowohl Gutes wie Schlechtes bewirkt. Alle diese Dinge seien von Menschen erfunden worden, um Einsamkeit und Verzweiflung, die menschlichem Leben eigen seien, zu lindern.

Es war das beste, ihn in Ruhe zu lassen. Nichts zu sagen. Vielleicht ging er durch eine Phase der Reifung und Offenbarung.

Der Meister wurde einmal von seinem Schüler gefragt: „Was ist der Buddha?"

Er erwiderte: „Der Geist ist der Buddha."

Ein andermal wurde ihm die gleiche Frage gestellt, und er erwiderte: „Kein Geist. Kein Buddha."

Der Schüler protestierte: „Aber neulich habt Ihr gesagt: ‚Der Geist ist der Buddha.'"

Darauf sagte der Meister: „Damit wollte ich erreichen, daß das Baby aufhört zu weinen. Wenn das Baby aufhört zu weinen, sage ich: ‚Kein Geist. Kein Buddha.'"

Vielleicht hat das Baby aufgehört zu weinen, und er ist nun offen für die Wahrheit. Also ließ man ihn am besten in Ruhe.

Aber als er begann, seinen neu entdeckten Atheismus anderen zu predigen, die nicht darauf vorbereitet waren, mußte er gebremst werden. „Es gab eine Zeit, da die Menschen die Sonne verehrten: das vorwissenschaftliche Zeitalter. Dann kam das wissenschaftliche Zeitalter, und die Menschen merkten, daß die Sonne kein Gott war; sie war noch nicht einmal eine Person. Schließlich kam das mystische Zeitalter, und der heilige Franziskus von Assisi nannte die Sonne seine Schwester und sprach mit ihr.

Euer Glaube war der eines ängstlichen Kindes. Nun, da Ihr ein furchtloser Mann geworden seid, habt Ihr ihn verloren. Es besteht die Hoffnung, daß Ihr fortschreitet auf dem Weg zum Mystiker und eines Tages Euren Glauben wiederfindet."

Glaube geht nie bei der unbeirrten Suche nach Wahrheit verloren. Nur die Art des Bekennens ist eine Weile unklar, läutert sich aber im Laufe der Zeit.

Das Ei

Nasrudin verdiente seinen Lebensunterhalt, indem er Eier verkaufte. Jemand betrat seinen Laden und sagte: „Rate, was ich in der Hand habe."

„Gib mir einen Tip", sagte Nasrudin.

„Ich werde dir mehrere geben: Es hat die Form eines Eis und die Größe eines Eis. Es sieht aus wie ein Ei, schmeckt wie ein Ei und riecht wie ein Ei. Innen ist es gelb und weiß. Es ist flüssig, ehe es gekocht wird, und wird beim Erhitzen immer fester. Außerdem wurde es von einer Henne gelegt..."

„Ach, ich weiß" sagte Nasrudin. „Es ist eine Art Kuchen."

Der Fachmann hat ein besonderes Talent, den Wald vor lauter Bäumen nicht zu sehen.

Der Oberpriester hat ein besonderes Talent, den Messias zu übersehen!

Schreien, um seiner selbst sicher zu bleiben

Ein Prophet kam einst in eine Stadt, um die Bewohner zu bekehren. Zuerst hörten die Leute seinen Predigten zu, aber allmählich blieben sie weg, und schließlich fand sich nicht eine Seele mehr ein, wenn er sprach.

Eines Tages sagte ein Reisender zu dem Propheten: „Warum predigt Ihr immer weiter? Seht Ihr nicht, daß Ihr Euch umsonst bemüht?"

Sagte der Prophet: „Am Anfang hoffte ich, sie zu ändern. Wenn ich immer noch laut rufe, so nur, damit sie nicht etwa mich ändern."

Das Amulett

Der Mensch steht allein und verlassen im Universum. Und er hat viele Ängste.

Eine gute Religion nimmt ihm die Angst, eine schlechte vergrößert sie.

Eine Mutter konnte ihren kleinen Sohn nicht bewegen, rechtzeitig vor Dunkelheit vom Spielen nach Hause zu kommen. Also machte sie ihm Angst: Sie erzählte ihm, auf dem Weg zu ihrem Haus spukten Geister, die herauskämen, sobald die Sonne untergegangen war. Danach hatte sie keine Schwierigkeit mehr, er kam abends rechtzeitig nach Hause.

Aber als der Junge herangewachsen war, hatte er solche Angst vor der Dunkelheit und Geistern, daß er sich weigerte, das Haus nachts zu verlassen. Also gab sie ihm ein Amulett und machte ihm klar, daß die Geister keine Macht hätten, ihm etwas Böses anzutun, solange er es trug.

Nun wagt er sich also in die Dunkelheit hinaus und drückt das Amulett fest an die Brust.

Eine schlechte Religion stärkt seinen Glauben an das Amulett. Eine gute führt ihn zu der Einsicht, daß es keine Geister gibt.

Flußwasser zu verkaufen

An jenem Tag bestand des Meisters Predigt nur aus einem rätselhaften Satz.

Er lächelte bitter und begann: „Ich sitze hier bloß am Flußufer und verkaufe Flußwasser."

Und damit beendete er seine Predigt.

Er hatte seinen Verkaufsstand am Ufer aufgebaut, und es kamen Tausende, um Wasser von ihm zu kaufen. Der ganze Erfolg seines Geschäftes beruhte darauf, daß sie den Fluß nicht sahen. Als sie ihn schließlich bemerkten, machte er kein Geschäft mehr.

Der Prediger war ein großer Erfolg. Tausende kamen, um von ihm Weisheit zu lernen. Als sie die Weisheit bekommen hatten, kamen sie nicht mehr zu seinen Predigten. Und der Priester lächelte zufrieden, denn er hatte sein Ziel erreicht, nämlich sich so schnell wie möglich davonzumachen, weil er genau wußte, er bot den Leuten nur an, was sie schon besaßen, wenn sie nur die Augen aufmachten, um zu sehen. „Wenn ich nicht gehe", sagte Jesus zu seinen Jüngern, „wird der Heilige Geist nicht kommen".

Wenn man aufhörte, Wasser zu verkaufen, hätten die Menschen vielleicht eine größere Chance, den Fluß zu sehen.

Die Katze des Gurus

Jeden Abend, wenn der Guru sich zur Andacht niederließ, pflegte die Ashram-Katze herumzustreunen und die Beter abzulenken. Also ließ er die Katze während des Abendgottesdienstes anbinden.

Lange nach dem Tode des Gurus wurde die Katze stets während des Abendgottesdienstes angebunden. Und als die Katze schließlich starb, wurde eine andere Katze in den Ashram gebracht, so daß man sie ordnungsgemäß während des Abendgottesdienstes anbinden konnte.

Jahrhunderte später schrieben die Schüler des Gurus gelehrte Abhandlungen darüber, welch wichtige Rolle eine Katze in jedem ordentlich gestalteten Kult spiele.

Löwenzahn

Ein Mann, der sehr stolz auf seinen Rasen war, stand plötzlich vor einer mit Löwenzahn übersäten Wiese. Er versuchte alles nur Denkbare, um den Löwenzahn loszuwerden, aber der kam immer wieder.

Schließlich schrieb er an das Landwirtschaftsministerium. Er zählte auf, was er alles versucht hatte, und schloß mit der Frage: „Was soll ich jetzt tun?"

Zu gegebener Zeit kam die Antwort: „Wie wär's, wenn Sie versuchten, ihn schön zu finden und den Löwenzahn zu lieben?"

Auch ich hatte einen Rasen, auf den ich stolz war, und auch ich wurde von Löwenzahn heimgesucht, den ich mit allen mir zur Verfügung stehenden Mitteln beseitigen wollte. Es war also nicht leicht, ihn schön zu finden.

Ich begann, jeden Tag mit dem Löwenzahn zu reden, herzlich, freundlich. Er antwortete nur mit verdrossenem Schweigen. Die Pflanzen litten noch unter dem Krieg, den ich gegen sie geführt hatte. Wahrscheinlich kamen ihnen meine Beweggründe auch etwas verdächtig vor.

Aber nicht lange, dann lächelten sie zurück, und entspannten sich. Und antworteten sogar auf das, was ich ihnen sagte. Bald waren wir gute Freunde.

Mein Rasen war natürlich verdorben. Aber wie schön wurde mein Garten!

Er wurde nach und nach blind. Und er kämpfte dagegen mit allen in seiner Macht stehenden Mitteln. Und als die Medizin nichts mehr ausrichten konnte, wehrte er sich mit Emotionen. Ich brauchte Mut, ihm zu sagen: „Ich schlage vor, du lernst deine Blindheit zu lieben."

Es war ein Kampf. Zunächst weigerte er sich, sich auf irgend etwas einzulassen, auch nur ein einziges Wort dazu zu sagen. Und als er sich schließlich überwand, mit seiner Blindheit zu sprechen, waren seine Worte böse und bitter. Aber er sprach weiter, und langsam änderten sich seine Worte und drückten nun Resignation, Toleranz und Einwilligung aus. Und eines Tages wurden sie zu seinem großen Erstaunen freundlich und liebevoll. Dann kam der Tag, als er seine Blindheit umarmen und sagen konnte: „Ich liebe dich." An diesem Tag sah ich ihn wieder lächeln, und wie anziehend war dieses Lächeln!

Seine Sehkraft war natürlich für immer verloren. Aber wie schön wurde sein Gesicht, viel schöner als zuvor, ehe Blindheit sein Leben teilte.

Ändere dich nicht!

Jahrelang war ich neurotisch. Ich war ängstlich und depressiv und selbstsüchtig. Und jeder sagte mir immer wieder, ich sollte mich ändern. Und jeder sagte mir immer wieder, wie neurotisch ich sei.

Und sie waren mir zuwider, und ich pflichtete ihnen doch bei, und ich wollte mich ändern, aber ich brachte es nicht fertig, sosehr ich mich auch bemühte.

Was mich am meisten schmerzte, war, daß mein bester Freund mir auch immer wieder sagte, wie neurotisch ich sei. Auch er wiederholte immer wieder, ich sollte mich ändern.

Und auch ihm pflichtete ich bei, aber zuwider wurde er mir nicht, das brachte ich nicht fertig. Ich fühlte mich so machtlos und gefangen.

Dann sagte er mir eines Tages: „Ändere dich nicht. Bleib, wie du bist. Es ist wirklich nicht wichtig, ob du dich änderst oder nicht. Ich liebe dich so, wie du bist. So ist es nun einmal."

Diese Worte klangen wie Musik in meinen Ohren: ‚Ändere dich nicht, ändere dich nicht... ich liebe dich.'

Und ich entspannte mich, und ich wurde lebendig, und Wunder über Wunder, ich änderte mich!

Jetzt weiß ich, daß ich mich nicht wirklich ändern konnte, bis ich jemanden fand, der mich liebte, ob ich mich nun änderte oder nicht.

Liebst du mich auf diese Weise, Gott?

Mein Freund

Malik, Sohn des Dinar, war sehr aufgebracht über das liederliche Leben eines leichtsinnigen Jünglings, der neben ihm wohnte. Lange Zeit unternahm er nichts, weil er hoffte, jemand anderes würde einschreiten. Aber als sich der junge Mann immer unerträglicher benahm, ging Malik zu ihm und bat ihn, sein Benehmen zu ändern.

Der Jüngling erklärte ihm kühl, er sei ein Protégé des Sultans, und es könnte ihn also niemand daran hindern, zu leben wie er wolle.

Sagte Malik: „Ich werde mich persönlich bei dem Sultan beschweren."

Sagte der junge Mann: „Das wird keinen Zweck haben, denn der Sultan wird seine Einstellung mir gegenüber niemals ändern."

„Dann werde ich dich bei dem Schöpfer über uns anzeigen", sagte Malik. „Der Schöpfer oben", entgegnete der junge Mann, „ist viel zu nachsichtig, um mir Vorwürfe zu machen."

Malik war hilflos, also überließ er den jungen Mann sich selbst. Aber kurz darauf wurde dessen Ruf so schlecht, daß sich die Öffentlichkeit empörte. Malik betrachtete es als seine Pflicht, ihm Vorhaltungen zu machen. Als er jedoch auf das Haus zuging, hörte er eine Stimme, die ihm sagte: „Rühre meinen Freund nicht an. Er steht unter meinem Schutz." Malik wurde dadurch so verwirrt, daß er nicht wußte, was er dem Jüngling sagen sollte, als er vor ihm stand.

Sagte der junge Mann: „Warum seid Ihr gekommen?" Sagte Malik: „Ich kam, dich zu tadeln. Aber auf dem Weg hierher sagte mir eine Stimme, ich solle dich nicht anrühren, denn du stündest unter Seinem Schutz."

Das Gesicht des Frevlers veränderte sich. „Nannte Er mich Seinen Freund?" fragte er. Aber da hatte Malik schon das Haus verlassen. Jahre später traf Malik diesen Mann in Mekka. Die Worte der Stimme hatten ihn so tief berührt, daß er seinen ganzen Besitz aufgegeben hatte und ein wandernder Bettler geworden war. „Ich kam hierher auf der Suche nach meinem Freund", sagte er und starb.

Gott, Freund eines Sünders? Eine ebenso gefährliche wie erstaunliche Feststellung. Ich probierte sie an mir selbst aus und sagte: ‚Gott ist viel zu nachsichtig, um mir Vorwürfe zu machen.' Und plötzlich hörte ich die Gute Nachricht – zum erstenmal in meinem Leben.

Der arabische Bewerber

Der arabische Meister Jalal ud-Din Rumi erzählte gerne folgende Geschichte:

Eines Tages verrichtete der Prophet Mohammed sein Morgengebet in der Moschee. In der Menschenmenge, die mit dem Propheten zusammen betete, war ein arabischer Aspirant.

Mohammed begann den Koran zu lesen und sagte den Vers, in dem der Pharao den Anspruch erhebt: ‚Ich bin euer wahrer Gott.' Bei diesen Worten ergriff den guten Aspiranten so spontaner Zorn, daß er in die Stille hineinschrie: „Dieser prahlerische Hurensohn!"

Der Prophet sagte nichts, aber nach dem Gebet begannen die anderen den Araber zu schelten: „Schämst du dich nicht? Dein Gebet wird Gott mißfallen, weil du nicht nur die heilige Stille des Gebetes unterbrochen hast, sondern auch in Gegenwart von Gottes Propheten unflätige Worte gebrauchtest."

Der Araber wurde rot vor Scham und zitterte vor Angst, bis Gabriel dem Propheten erschien und sagte: „Gott grüßt dich und bittet dich, diesen Leuten Einhalt zu gebieten, daß sie diesen einfachen Araber nicht weiter schelten; seine ehrlich gemeinten Flüche gingen mir mehr zu Herzen als die heiligen Gebete vieler anderer."

Gott sieht unser Herz an, wenn wir beten, nicht die äußeren Formeln.

Wir sind drei, du bist drei

Als das Schiff des Bischofs für einen Tag an einer fernen Insel anlegte, beschloß er, diesen Tag so gut wie möglich zu nutzen. Er schlenderte am Strand entlang und traf drei Fischer, die ihre Netze flickten. In Pidgin-Englisch erklärten sie ihm, daß sie vor vielen Jahrhunderten von Missionaren christianisiert worden waren. „Wir Christen!" sagten sie und zeigten stolz auf sich.

Der Bischof war beeindruckt. Kannten sie das Vaterunser? Davon hatten sie noch nie gehört. Der Bischof war schockiert. Wie konnten diese Männer behaupten, Christen zu sein, wenn sie nicht etwas so Grundlegendes wie das Vaterunser kannten?

„Was sagt ihr also, wenn ihr betet?"

„Wir heben Augen zu Himmel. Wir beten: ‚Wir sind drei, du bist drei, sei uns gnädig.'" Der Bischof war bestürzt über dieses primitive, ja zutiefst ketzerische Gebet. So verbrachte er den ganzen Tag damit, sie das Gebet des Herrn zu lehren. Die Fischer lernten schwer, aber sie strengten sich an, und ehe

der Bischof am nächsten Tag die Segel setzte, hörte er befriedigt, wie sie das ganze Gebet fehlerfrei aufsagten.

Monate später passierte das Schiff des Bischofs zufällig wieder diese Inseln. Als er auf dem Deck betend hin- und herging, erinnerte er sich mit Freuden daran, daß es auf jener fernen Insel drei Männer gab, die dank seiner geduldigen Bemühungen nun korrekt beten konnten. Als er gedankenverloren aufblickte, sah er im Osten einen hellen Fleck. Das Licht kam auf das Schiff zu, und als der Bischof verwundert hinsah, erkannte er drei Gestalten, die sich auf dem Wasser dem Schiff näherten. Der Kapitän stoppte, alle Matrosen beugten sich über die Reling, um das erstaunliche Ereignis zu sehen.

Als sie so nahe waren, daß man sie verstehen konnte, erkannte der Bischof seine drei Freunde, die Fischer.

„Bischof!" riefen sie, „wir so froh, dich zu sehen. Wir hören, dein Boot an Insel vorbeifahren, wir schnell schnell kommen, dich zu treffen."

„Was wollt ihr?" fragte der Bischof ehrfürchtig.

„Bischof", sagten sie, „wir so sehr traurig. Wir vergessen schönes Gebet. Wir sagen: Unser Vater im Himmel geheiligt sei dein Name, dein Reich komme... dann wir vergessen. Bitte sage uns ganzes Gebet noch einmal."

Demütig sagte der Bischof: „Geht nach Hause zurück, gute Leute, und sagt, wenn ihr betet: ‚Wir sind drei, du bist drei, sei uns gnädig!'"

Ich habe oft alte Frauen beobachtet, die in der Kirche endlose Rosenkränze beten. Wie sollte Gott wohl durch dieses unzusammenhängende Gemurmel gepriesen werden? Aber jedesmal, wenn ich in ihre Augen oder emporgewandten Gesichter sehe, weiß ich in meinem Herzen, daß sie Gott näher sind als viele kluge Leute.

Beten kann gefährlich sein

Hier ist eine Lieblingsgeschichte des Sufimeisters Sa'di aus Schiraz:

Einer meiner Freunde war hocherfreut, daß seine Frau schwanger war. Er wünschte sich glühend ein männliches Kind. Und er betete unaufhörlich zu Gott und machte entsprechende Gelübde.

Es geschah, daß seine Frau einen Sohn gebar. Mein Freund war glücklich und lud das ganze Dorf ein, um Dank zu sagen.

Jahre später, auf dem Rückweg aus Mekka, kam ich durch das Dorf meines Freundes. Man sagte mir, er sei im Gefängnis.

„Warum? Was hat er getan?" fragte ich.

Seine Nachbarn sagten: „Sein Sohn tötete im Rausch einen Mann und lief davon. Also wurde der Vater festgenommen und ins Gefängnis geworfen."

Gott beharrlich um etwas bitten, das wir haben möchten, ist in der Tat eine lobenswerte Übung.

Es kann freilich auch sehr gefährlich sein.

Narada

Der Hinduweise Narada machte sich auf eine Pilgerreise zu dem Tempel des Gottes Vishnu. Eines Nachts hielt er in einem Dorf an und wurde in der Hütte eines armen Ehepaares gastfreundlich aufgenommen. Ehe er am nächsten Morgen aufbrach, sagte der Mann zu Narada: „Ihr geht zu Gott Vishnu. Bittet ihn, mir und meiner Frau ein Kind zu schenken, denn wir sind schon jahrelang kinderlos."

Als Narada den Tempel erreichte, sagte er zu dem Gott: „Dieser Mann und seine Frau waren sehr freundlich zu mir. Sei barmherzig, und gib ihnen ein Kind." Der Gott erwiderte, und es klang endgültig: „Es ist dem Schicksal dieses Mannes nicht bestimmt, Kinder zu haben." Also verrichtete Narada seine Gebete und kehrte nach Hause zurück.

Fünf Jahre später unternahm er noch einmal die gleiche Pilgerreise, machte in dem gleichen Dorf halt und wurde wieder von dem gleichen Ehepaar aufgenommen. Dieses Mal spielten zwei kleine Kinder vor dem Eingang der Hütte.

„Wessen Kinder sind das?" fragte Narada. „Meine", sagte der Mann. Narada war verwirrt. Der Mann fuhr fort: „Bald nachdem Ihr uns vor fünf Jahren verlassen habt, kam ein heiliger Bettelmönch in unser Dorf. Wir nahmen ihn für die Nacht auf. Am nächsten Morgen segnete er vor dem Weggehen meine Frau und mich ... und der Herr schenkte uns diese beiden Kinder."

Als Narada das hörte, konnte er nicht schnell genug zu dem Tempel von Gott Vishnu kommen. Kaum war er angekommen, rief er gleich vom Eingang her: „Habt Ihr mir nicht gesagt, es sei dem Schicksal dieses Mannes nicht bestimmt, Kinder zu haben? Er hat zwei Kinder!"

Als der Gott das hörte, lachte er laut und sagte: „Das muß das Werk eines Heiligen sein. Heilige haben die Macht, das Schicksal zu ändern."

Man wird an die Hochzeitsfeier erinnert, bei der die Mutter Jesu ihren Sohn durch ihre Gebete dazu brachte, ein Wunder zu wirken, ehe sein eigenes Schicksal es ihm gestattete.

Münzenwurf als Schicksalsentscheidung

Der große japanische General Nobunaga beschloß anzugreifen, obgleich seine Männer nur im Verhältnis eins zu zehn denen des Feindes gegenüberstanden. Er war von seinem Sieg überzeugt, aber seine Soldaten waren voller Zweifel.

Auf dem Weg in die Schlacht hielten sie an einem Shinto-Schrein. Nachdem Nobunaga dort gebetet hatte, kam er heraus und sagte: „Ich werde nun eine Münze werfen. Wenn es Kopf ist, werden wir gewinnen, wenn Zahl, verlieren wir. Das Schicksal wird sich uns zu erkennen geben."

Er warf die Münze. Es war Kopf. Die Soldaten waren so kampfbesessen, daß sie die Schlacht mit Leichtigkeit gewannen.

Am nächsten Tag sagte ein Adjutant zu Nobunaga: „Niemand kann den Weg des Schicksals ändern."

„Ganz richtig", erwiderte Nobunaga und zeigte ihm eine gefälschte Münze, die auf beiden Seiten einen Kopf trug.

Macht des Gebetes? Macht des Schicksals?

Oder die Macht eines Glaubens, der überzeugt ist, irgend etwas werde passieren?

Beten um Regen

Wenn der Neurotiker bei dir Hilfe sucht, will er nur selten geheilt werden, denn jede Heilung tut weh. In Wirklichkeit will er in seiner Neurose bestätigt werden. Am liebsten aber hätte er ein Wunder, das ihn schmerzlos heilte.

Der alte Mann liebte seine Pfeife nach dem Essen.

Eines Abends roch seine Frau Brandgeruch und rief: „Um Himmels willen, Pa! Du hast deinen Schnurrbart angezündet."

„Ich weiß", antwortete der alte Mann böse, „siehst du nicht, daß ich um Regen bete?"

Der invalide Fuchs

Eine Fabel des arabischen Mystikers Sa'di: Unterwegs im Wald sah ein Mann einen Fuchs, der seine Beine verloren hatte. Er wunderte sich, wie das Tier wohl überleben konnte. Dann sah er einen Tiger mit einem gerissenen Wild. Der Tiger hatte sich satt gefressen und überließ dem Fuchs den Rest.

Am nächsten Tag ernährte Gott den Fuchs wiederum mit Hilfe des gleichen Tigers. Der Mann war erstaunt über Gottes große Güte und sagte zu sich: „Auch ich werde mich in einer Ecke ausruhen und dem Herrn voll vertrauen, und er wird mich mit allem Nötigen versorgen."

Viele Tage brachte er so zu, aber nichts geschah, und der arme Kerl war dem Tode nahe, als er eine Stimme hörte: ‚Du da, auf dem falschen Weg, öffne die Augen vor der Wahrheit! Folge dem Beispiel des Tigers, und nimm dir nicht länger den behinderten Fuchs zum Vorbild.'

Auf der Straße traf ich ein kleines frierendes Mädchen, zitternd in einem dünnen Kleid, ohne Hoffnung, etwas Warmes zu essen zu bekommen. Ich wurde zornig und sagte zu Gott: „Wie kannst du das zulassen? Warum tust du nichts dagegen?"

Eine Zeitlang sagte Gott nichts. Aber in der Nacht antwortete er ganz plötzlich: „Ich habe wohl etwas dagegen getan. Ich habe dich geschaffen."

Gott, der Ernährer

Gott beschloß, der Erde einen Besuch abzustatten, also schickte er zuvor einen Engel hinunter, um zu sehen, wie dort die Lage war.

Der Engel kehrte zurück und berichtete: „Die meisten haben nicht genug zu essen, und sehr viele sind arbeitslos."

Gott sagte: „Dann werde ich in der Form von Nahrung für die Hungernden erscheinen und als Arbeit für die Arbeitslosen."

Die fünf Mönche

Der große Lama im Norden wurde von dem Lama im Süden dringend gebeten, einen weisen und heiligen Mönch zu schicken, um die Novizen in das geistige Leben einzuführen. Zum Erstaunen aller schickte der große Lama fünf Mönche statt einen. Auf Fragen gab er die rätselhafte Antwort: „Wir werden uns glücklich schätzen, wenn einer der fünf schließlich den Lama erreicht."

Die Gruppe war schon einige Tage unterwegs, als ein Bote angerannt kam und sagte: „Der Priester unseres Dorfes ist gestorben. Wir brauchen jemand, der seinen Platz einnimmt." Das Dorf schien ein ganz angenehmer Aufenthaltsort zu sein, und das Gehalt des Priesters war nicht zu verachten. Einer der Mönche wurde von seelsorgerischem Eifer für die Bewohner ergriffen. „Ich wäre kein wahrer Buddhist", sagte er, „wenn ich nicht hierbliebe, um diesen Leuten zu dienen." Also setzte er sich von der Gruppe ab.

Einige Tage später hielten sie sich zufällig in dem

Palast eines Königs auf, der Gefallen an einem der Mönche fand. „Bleib bei uns", sagte der König, „und du sollst meine Tochter heiraten. Und wenn ich sterbe, wirst du mir auf dem Thron nachfolgen." Der Mönch fühlte sich zu der Prinzessin hingezogen und auch zum Glanz des Königtums, also sagte er: „Gibt es einen besseren Weg, die Bewohner dieses Königreiches zum Guten hin zu beeinflussen, als König zu werden? Ich wäre kein wahrer Buddhist, wenn ich nicht diese Gelegenheit ergriffe, um der Sache unserer heiligen Religion zu dienen." Also setzte auch er sich ab.

Der Rest der Gruppe wanderte weiter. Eines Nachts stießen sie in einer Hügellandschaft auf eine einsame Hütte, in der ein schönes Mädchen wohnte. Sie bot ihnen gastliche Aufnahme und dankte Gott, daß er ihr die Mönche geschickt hatte. Ihre Eltern waren von Räubern ermordet worden, und das Mädchen war nun ganz allein und hatte große Angst. Am nächsten Morgen, als es Zeit war, aufzubrechen, sagte einer der Mönche: „Ich werde bei diesem Mädchen bleiben. Ich wäre kein wahrer Buddhist, wenn ich nicht Erbarmen zeigte." Er war der dritte, der sich absetzte.

Die letzten beiden Mönche kamen schließlich zu einem buddhistischen Dorf und fanden zu ihrem Entsetzen, daß alle Bewohner ihre Religion aufgegeben hatten und unter dem Einfluß eines Hindu-Gurus standen. Einer der Mönche sagte: „Ich bin es diesen armen Leuten schuldig und auch Buddha, hierzubleiben und sie der wahren Religion zurückzugewinnen." Er war der letzte, der sich absetzte.

Der fünfte Mönch gelangte schließlich zu dem Lama des Südens. Der Große Lama des Nordens hatte also recht gehabt.

Vor Jahren machte ich mich auf die Suche nach Gott. Immer wieder setzte ich mich unterwegs ab.

Immer mit den besten Gründen: um die Liturgie zu reformieren, die Gliederung der Kirche zu ändern, das Studium der Heiligen Schrift zu modernisieren und der Theologie mehr Gewicht zu geben.

Es ist einfacher, sich in religiöse Arbeit zu stürzen, ja in jede Art von Arbeit, als auf der Suche zu beharren.

Aufstehen und bekennen

Das auszusprechen, was man für Wahrheit hält, erfordert viel Mut, wenn man zu einer Institution gehört.

Die Institution selbst in Frage zu stellen fordert noch mehr Mut. Das tat Jesus.

Als Chruschtschow in seiner berühmten Rede die Stalin-Ära brandmarkte, soll jemand in der Kongreßhalle gesagt haben: „Wo waren Sie, Genosse Chruschtschow, als alle diese unschuldigen Menschen hingeschlachtet wurden?"

Chruschtschow hielt inne, blickte sich in der Halle um und sagte: „Würde derjenige bitte aufstehen, der das gesagt hat!"

In der Halle wuchs die Spannung. Niemand stand auf.

Dann sagte Chruschtschow: „Nun, das ist die Antwort, wer Sie auch immer sein mögen. Ich war damals in genau der gleichen Lage wie Sie jetzt."

Jesus wäre aufgestanden.

Beförderung

Der erste Bewerber tritt ein.

„Sie verstehen, es handelt sich um einen einfachen Test, dem wir Sie unterziehen, ehe wir Ihnen die Stelle anbieten, um die Sie sich beworben haben?"

„Ja."

„Also, was ist zwei plus zwei?"

„Vier."

Der zweite Bewerber tritt ein.

„Sind Sie einverstanden mit einem Test?"

„Ja."

„Also, was ist zwei plus zwei?"

„Alles, was der Boß sagt."

Der zweite Bewerber bekam die Stelle.

Die Haltung des zweiten Bewerbers ist sehr zu empfehlen, wenn man in einer weltlichen oder religiösen Institution befördert werden will.

Auch in religiösen Examina kann man damit sehr gut abschneiden. Daher sind theologisch Graduierte oft bekannter wegen ihres Eifers gegenüber der Lehrmeinung als gegenüber der Wahrheit.

Der Wahrheitsladen

Ich konnte kaum meinen Augen trauen, als ich den Namen des Ladens sah: Wahrheitsladen. Dort wurde Wahrheit verkauft.

Die Verkäuferin war sehr höflich: Welche Art Wahrheit wollte ich kaufen, Teilwahrheiten oder die ganze Wahrheit? Natürlich die ganze Wahrheit.

Nichts da mit Trugbildern, Rechtfertigungen, moralischen Mäntelchen. Ich wollte meine Wahrheit schlicht und klar und ungeteilt. Sie winkte mich in eine andere Abteilung des Ladens, wo die ganze Wahrheit verkauft wurde.

Der Verkäufer dort sah mich mitleidig an und zeigte auf das Preisschild. „Der Preis ist sehr hoch, Sir“, sagte er. „Wieviel?“ fragte ich, entschlossen, die ganze Wahrheit zu erwerben, gleichgültig, was sie kostete. „Wenn Sie diese hier nehmen“, sagte er, „bezahlen Sie mit dem Verlust Ihrer Ruhe und Gelassenheit, und zwar für den Rest Ihres Lebens.“

Traurig verließ ich den Laden. Ich hatte gedacht, ich könnte die ganze Wahrheit billig bekommen. Ich bin noch nicht bereit für die Wahrheit. Immer wieder sehne ich mich nach Ruhe und Frieden. Ich habe es noch nötig, mich mit Rechtfertigungen und moralischen Mäntelchen zu täuschen. Ich suche immer noch Schutz bei meinen nicht in Frage gestellten Anschauungen.

Diogenes

Der Philosoph Diogenes aß zum Abendbrot Linsen. Das sah der Philosoph Aristippos, der ein angenehmes Leben führte, indem er dem König schmeichelte.

Sagte Aristippos: „Wenn du lerntest, dem König gegenüber unterwürfig zu sein, müßtest du nicht von solchem Abfall wie Linsen leben.“

Sagte Diogenes: „Wenn du gelernt hättest, mit Linsen auszukommen, brauchtest du nicht dem König zu schmeicheln.“

Der schmale Pfad

Gott warnte einst das Volk vor einem Erdbeben, das alle Gewässer des Landes verschlingen würde. Das Wasser, das es dann gäbe, würde alle Leute wahnsinnig machen.

Nur der Prophet nahm Gott ernst. Er trug große Krüge voll Wasser in seine Berghöhle, so daß er bis zu seinem Lebensende genug hatte.

Das Erdbeben trat tatsächlich ein, alle Gewässer verschwanden, und neues Wasser füllte die Ströme, Seen, Flüsse und Teiche.

Einige Monate später kam der Prophet herab, um zu sehen, was passiert war. Tatsächlich waren alle Menschen wahnsinnig geworden. Sie griffen ihn an und wollten nichts mit ihm zu tun haben, überzeugt, daß *er* verrückt geworden war.

Also ging der Prophet zurück in seine Berghöhle, froh über das gerettete Wasser. Aber mit der Zeit fand er seine Einsamkeit unerträglich. Er sehnte sich nach menschlicher Gesellschaft und ging also wieder hinab in die Ebene. Wieder wurde er von den Menschen zurückgewiesen, weil er sich so grundlegend von ihnen unterschied.

Also faßte der Prophet einen Entschluß. Er goß das gerettete Wasser weg, trank das neue und gesellte sich zu seinen verrückten Mitmenschen.

Auf der Suche nach Wahrheit geht man allein. Der Pfad ist zu schmal für jede Begleitung. Wer kann solche Einsamkeit ertragen?

Der Scharlatan

Die Halle war zum Brechen voll, meistens ältliche Damen. Es handelte sich um eine Art neuer Religion oder Sekte. Einer der Redner, nur mit Turban und Lendentuch bekleidet, stand auf. Er sprach gefühlvoll von der Macht des Geistes über die Materie, der Psyche über den Körper.

Alle lauschten gebannt. Schließlich kehrte der Redner auf seinen Platz mir gegenüber zurück. Sein Nachbar wandte sich ihm zu und fragte in einem lauten Flüstern: „Glauben Sie wirklich, was Sie gesagt haben, daß der Körper nichts fühlt, daß sich alles im Geist abspielt und daß der Geist bewußt durch den Willen beeinfluß werden kann?"

Der Scharlatan erwiderte in frommer Überzeugung: „Natürlich glaube ich das."

Darauf der Nachbar: „Würden Sie dann bitte mit mir den Platz tauschen? Ich sitze nämlich genau im Zug."

Ich versuche oft verzweifelt, das zu praktizieren, was ich predige. Wenn ich mich darauf beschränkte, nur das zu predigen, was ich auch praktiziere, wäre ich selbst kein so großer Scharlatan.

Der geträumte Vertrag

Es war neun Uhr morgens, und Nasrudin schlief noch fest. Die Sonne stand schon hoch am Himmel, die Vögel zirpten in den Bäumen, und Nasrudins Frühstück wurde kalt. Also weckte ihn seine Frau.

Wutentbrannt wachte er auf. „Warum hast du mich gerade jetzt geweckt?" rief er, „hättest du nicht noch ein bißchen warten können?"

„Die Sonne steht schon am Himmel", sagte seine Frau, „die Vögel zwitschern in den Bäumen, und dein Frühstück wird kalt."

„Törichte Frau!" sagte Nasrudin. „Frühstück ist gar nichts, verglichen mit dem Vertrag über hunderttausend Goldstücke, den ich gerade unterschreiben wollte!"

Also drehte er sich wieder um, wälzte sich lange im Bett herum und versuchte, seinen ruinierten Traum und den verlorenen Vertrag wieder einzufangen.

Nun war es aber so, daß Nasrudin in diesem Vertrag gemogelt hatte und sein Vertragspartner ein ungerechter Despot war.

Wenn Nasrudin, falls er seinen Traum wieder einfängt, seine Mogelei aufgibt, wird er ein Heiliger.

Wenn er tatkräftig daran arbeitet, das Volk von der Unterdrückung durch den Tyrannen zu befreien, wird er ein Reformer.

Wenn er mitten im Traum plötzlich merkt, daß er träumt, wird er ein erweckter Mensch und ein Mystiker.

Was nützt es, ein Heiliger oder ein Reformer zu werden, wenn man noch schläft?

Sehr gut, sehr gut

In einem Fischerdorf bekam ein Mädchen ein uneheliches Kind, und nach vielen Schlägen gab sie endlich den Namen des Kindesvaters preis: der Zen-Meister, der den ganzen Tag im Tempel außerhalb des Dorfes meditierte.

Die Eltern des Mädchens, begleitet von vielen Dorfbewohnern, begaben sich zu dem Tempel, unterbrachen rücksichtslos des Meisters Meditation, beschimpften ihn wegen seiner Heuchelei und erklärten, da er der Vater des Kindes war, sollte er nun auch die Last der Erziehung tragen. Der Meister antworte nur: „Sehr gut, sehr gut."

Als die Menge abgezogen war, hob er das Baby vom Boden auf und vereinbarte mit einer Frau aus dem Dorf, das Kind auf seine Kosten zu nähren und zu kleiden.

Der Ruf des Meisters war ruiniert. Niemand kam mehr zu ihm, um sich unterweisen zu lassen.

Als schließlich ein ganzes Jahr vergangen war, konnte es das Mädchen, die das Kind geboren hatte, nicht mehr länger aushalten und bekannte, daß sie gelogen hatte. Der Vater des Kindes war der Nachbarjunge.

Die Eltern und Dorfbewohner waren sehr zerknirscht. Sie warfen sich dem Meister zu Füßen, um seine Vergebung zu erhalten, und baten, ihnen das Kind zurückzugeben. Und er sagte nichts weiter als: „Sehr gut, sehr gut."

Der erweckte Mensch!

Seinen Ruf verlieren? Kein großer Unterschied zu dem Verlust jenes Vertrages, den man gerade im Traum unterzeichnen wollte.

Der Traum von toten Söhnen

Ein armer Fischer und seine Frau bekamen schließlich nach vielen Ehejahren einen Sohn. Der Junge war der Stolz und die Freude seiner Eltern. Dann wurde er eines Tages schwer krank. Ein

Vermögen wurde für Ärzte und Medikamente ausgegeben. Aber der Junge starb.

Seine Mutter war gramgebeugt. In des Vaters Augen war keine Träne. Als die Frau ihm nach dem Begräbnis vorwarf, er verspüre wohl überhaupt keine Trauer, sagte der Fischer: „Ich werde dir sagen, warum ich nicht weinte. Letzte Nacht träumte ich, ich sei ein König und stolzer Vater von acht Söhnen. Wie glücklich war ich! Dann wachte ich auf. Nun bin ich völlig verwirrt: soll ich um diese acht Söhne weinen oder um diesen einen?"

Eine Puppe aus Salz

Eine Puppe aus Salz reiste Tausende von Meilen über Land, bis sie schließlich ans Meer kam.

Sie war fasziniert von dieser seltsamen, sich bewegenden Wassermasse, die ganz anders war als alles, was sie bisher gesehen hatte.

„Wer bist du?" fragte die Salzpuppe das Meer.

Lächelnd erwiderte dieses: „Komm herein und sieh selbst."

Also watete die Puppe in die See. Je weiter sie hineinging, desto mehr löste sie sich auf, bis nur noch sehr wenig von ihr übrig war. Ehe der letzte Rest verging, rief die Puppe verwundert: „Nun weiß ich, wer ich bin!"

Der goldene Adler

Ein Mann fand ein Adlerei und legte es in das Nest einer gewöhnlichen Henne. Der kleine Adler schlüpfte mit den Küken aus und wuchs zusammen mit ihnen auf.

Sein ganzes Leben lang benahm sich der Adler wie die Küken, weil er dachte, er sei ein Küken aus dem Hinterhof. Er kratzte in der Erde nach Würmern und Insekten. Er gluckte und gackerte. Und ab und zu hob er seine Flügel und flog ein Stück genau wie die Küken. Schließlich hat ein Küken so zu fliegen, stimmt's?

Jahre vergingen, und der Adler wurde sehr alt. Eines Tages sah er einen herrlichen Vogel hoch über sich im wolkenlosen Himmel. Anmutig und hoheitsvoll schwebte er durch die heftigen Windströmungen, fast ohne mit seinen kräftigen goldenen Flügeln zu schlagen. Der alte Adler blickte ehrfürchtig empor. „Wer ist das?" fragte er seinen Nachbarn.

„Das ist der Adler, der König der Vögel", sagte der Nachbar. „Aber reg dich nicht auf. Du und ich sind von anderer Art."

Also dachte der Adler nicht weiter an diesen Vogel. Er starb in dem Glauben, ein Küken im Hinterhof zu sein.

Wer bin ich?

Eine Geschichte von Attar aus Neishapur. Der Verehrer klopfte an die Tür seiner Liebsten.

„Wer klopft?" fragte die Liebste von drinnen.

„Ich bin's", sagte der Liebhaber.

„Dann geh weg. Dieses Haus hat keinen Platz für dich und mich." Der abgewiesene Verehrer ging in die Wüste.

Dort meditierte er monatelang über den Worten der Geliebten. Schließlich kehrte er zurück und klopfte wieder an die Tür.

„Wer klopft?"

„Du bist es."

Und sofort wurde aufgetan.

Der gesprächige Liebhaber

Monatelang bewarb sich ein Freier erfolglos um ein Mädchen und litt schreckliche Qualen, daß er abgewiesen wurde. Schließlich gab die Liebste nach. „Komm dann und dann dort und dorthin", sagte sie zu ihm.

Endlich saß also der Freier zur festgesetzten Zeit am festgesetzten Ort neben seiner Liebsten. Er griff in die Tasche und zog ein Bündel Liebesbriefe heraus, die er ihr in den letzten Monaten geschrieben hatte. Es waren leidenschaftliche Briefe, die von seinem Schmerz sprachen und von dem brennenden Wunsch, die Wonnen der Liebe und Vereinigung zu kosten. Er begann sie seiner Liebsten vorzulesen. Stunden vergingen, und er las immer weiter.

Schließlich sagte die Frau: „Was bist du doch für ein Narr! Diese Briefe handeln alle von mir und deiner Sehnsucht nach mir. Nun sitze ich doch hier neben dir, und du liest weiter deine dummen Briefe vor."

„Hier sitze ich neben dir", sagte Gott zu seinem eifrigen Anhänger, „und du zerbrichst dir den Kopf weiter über mich, bemühst deine Zunge, um über mich zu reden, und Bücher, um über mich zu lesen. Wann wirst du endlich still und spürst mich?"

Das „ich" weglassen

Schüler: „Ich bin gekommen, Euch meine Dienste anzubieten."

Meister: „Wenn du das ‚ich' wegließest, ergäbe sich das Dienen von selbst."

Man kann seinen gesamten Besitz weggeben, um die Armen zu speisen, man kann seinen Leib verbrennen, und doch keine Liebe haben.

Behalte deinen Besitz, und gib das „ich" auf. Den Leib verbrenne nicht, verbrenne das Ego. Dann wirst du lieben können.

Gib dein „Nichts" auf!

Er dachte, das Wesentliche sei, arm und enthaltsam zu leben. Es war ihm nie klargeworden, wie entscheidend wichtig es war, sein Ego aufzugeben. Denn das Ego wächst und gedeiht, ob man nun der Heiligkeit dient oder Frau Welt, nährt sich von Armut und von Reichtum, von Enthaltsamkeit und

Luxus. Es gibt nichts, das das Ego nicht ergreift, um sich aufzublasen.

Schüler: „Ich bin zu Euch gekommen mit nichts in den Händen."

Meister: „Dann laß es sofort fallen."

Schüler: „Aber wie kann ich es fallen lassen? Es ist nichts."

Meister: „Dann mußt du es eben mit dir herumtragen!"

Du kannst dein Nichts zu einem Besitz machen und deinen Verzicht wie eine Trophäe herumzeigen. Deinen Besitz brauchst du nicht aufzugeben. Gib dein Ego auf.

Der Zen-Meister und der Christ

Ein Christ besuchte einst einen Zen-Meister und sagte: „Erlaubt mir, daß ich Euch einige Sätze aus der Bergpredigt vorlese."

„Ich werde mit Freude zuhören", sagte der Meister.

Der Christ las einige Sätze und blickte dann auf. Der Meister lächelte und sagte: „Wer diese Worte gesprochen hat, war wahrlich ein Erleuchteter."

Das gefiel dem Christen. Er las weiter. Der Meister unterbrach und sagte: „Der Mensch, der diese Worte sprach, könnte wahrlich der Erlöser der Welt genannt werden."

Der Christ war wie elektrisiert. Er las weiter bis zum Ende. Dann sagte der Meister: „Diese Predigt wurde von einem Mann mit göttlicher Aura gehalten."

Die Freude des Christen kannte keine Grenzen. Er ging weg, entschlossen, zurückzukommen und den Zen-Meister zu überzeugen, er solle selbst Christ werden.

Auf dem Heimweg traf er Christus am Straßenrand. „Herr", sagte er begeistert, „ich habe diesen Mann so weit gebracht, daß er deine Göttlichkeit anerkannte."

Jesus lächelte und sagte: „Und was hat das dir gebracht, außer dein christliches Ego aufzublähen?"

Bequemlichkeit für den Teufel

Eine alte christliche Legende:

Als der Sohn Gottes ans Kreuz genagelt wurde und seinen Geist aufgab, fuhr er vom Kreuz direkt hinunter zur Hölle und befreite alle Sünder, die dort Qualen litten.

Und der Teufel weinte und klagte, denn er dachte, er würde keine Sünder mehr für die Hölle bekommen.

Dann sagte Gott zu ihm: „Weine nicht, denn ich werde dir alle die heiligen Leute schicken, die im Bewußtsein ihrer Frömmigkeit so selbstzufrieden geworden sind und selbstgerecht die Sünder verdammen. Und damit wird die Hölle wieder voll besetzt sein, und zwar für Generationen, bis ich wiederkomme."

Besser Sünde als Verleumdung

Sa'di aus Schiraz erzählt diese Geschichte:

Als Kind war ich ein frommer Junge, inbrünstig in Gebet und Andacht. Eines Nachts hielt ich mit meinem Vater Wache mit dem heiligen Koran auf dem Schoß.

Alle anderen Anwesenden begannen vor sich hinzudösen und waren bald fest eingeschlafen. Also sagte ich zu meinem Vater: „Keiner dieser Schläfer öffnet die Augen oder hebt den Kopf, um zu beten. Man könnte sie alle für tot halten."

Mein Vater erwiderte: „Mein lieber Sohn, mir wäre es lieber, du schliefest auch, als daß du schlecht von ihnen redest."

Selbstgerechtigkeit ist ein Berufsrisiko, wenn man sich auf Gebet und Frömmigkeit einläßt.

Der Mönch und die Frau

Zwei buddhistische Mönche trafen auf dem Weg zum Kloster eine außergewöhnlich schöne Frau am Flußufer. Auch sie wollte, wie die Mönche, ans andere Ufer, aber das Wasser war zu hoch. So nahm sie einer der Mönche auf den Rücken und trug sie hinüber.

Sein Begleiter war äußerst schockiert. Zwei Stunden lang schalt er ihn, die heilige Regel verletzt zu haben. Hatte er vergessen, daß er ein Mönch war? Wie konnte er wagen, eine Frau zu berühren? Und mehr noch, sie durch den Fluß zu tragen? Und was würden die Leute sagen? Hatte er nicht ihre heilige Religion in Verruf gebracht? Und so weiter und so weiter.

Der angeblich ungehörig handelnde Mönch hörte sich geduldig die nicht endenwollende Predigt an. Schließlich unterbrach er ihn und sagte: „Bruder, ich habe die Frau am anderen Ufer abgesetzt. Trägst du sie denn jetzt?"

Der arabische Mystiker Abu Hassan Bushanja sagt: „Die Sünde selbst ist weniger schädlich als der Wunsch und der Gedanke daran. Es ist eine Sache, wenn der Körper einen Augenblick eine Annehmlichkeit genießt, und ganz etwas anderes, wenn Geist und Herz endlos darüber brüten.

Wenn fromme Leute sich unaufhörlich mit den Sünden anderer beschäftigen, wird man den Verdacht nicht los, daß ihnen diese Grübelei mehr Vergnügen bereitet als die Sünde selbst dem Sünder."

Der geistige Herzanfall

Onkel Tom hatte ein schwaches Herz, und der Arzt hatte ihn ermahnt, sehr vorsichtig zu sein. Als also die Familie erfuhr, er habe von einem verstorbenen Verwandten eine Milliarde Dollar geerbt, zögerte man, ihm die Nachricht zu überbringen, aus Furcht, er könnte dadurch einen Herzanfall bekommen.

Sie wandten sich um Hilfe an den örtlichen Pastor, der ihnen versicherte, er würde einen Weg finden. „Sagen Sie, Tom", wandte sich Father Murphy an den Mann mit dem schwachen Herzen, „wenn Gott Ihnen in seiner Gnade eine Milliarde Dollar zukommen ließe, was würden Sie damit anfangen?"

Tom dachte einen Augenblick nach und sagte dann, ohne zu zögern: „Ich würde Ihnen die Hälfte für Ihre Kirche geben, Father."

Als Father Murphy das hörte, bekam er einen Herzanfall.

Als der Industrielle einen Herzanfall bekam, weil er seinen Großkonzern immer mehr ausweitete, war es leicht, ihm seine Habgier und Selbstsucht vor Augen zu führen. Als der Gemeindepfarrer einen Herzanfall bekam, weil er das Reich Gottes ausdehnte, war es unmöglich, ihm vor Augen zu führen, daß es sich auch hier um Habgier und Selbstsucht in anderen, annehmbareren Formen handelte. Wollte er wirklich das Reich Gottes fördern oder sich selbst? Das Reich Gottes braucht nicht vorangetrieben zu werden. Es dehnt sich mühelos aus ohne unsere ängstliche Mithilfe. Sei auf der Hut vor der Angst. Sie enthüllt deine Selbstsucht, oder nicht?

Christus kennen

Ein Gespräch zwischen einem kürzlich zu Christus bekehrten Mann und einem ungläubigen Freund:

„Du bist also zu Christus bekehrt worden?"

„Ja."

„Dann mußt du eigentlich gut über ihn Bescheid wissen. Sag mir: in welchem Land wurde er geboren?"

„Das weiß ich nicht."

„Wie alt war er, als er starb?"

„Das weiß ich nicht."

„Wie viele Predigten hat er gehalten?"

„Das weiß ich nicht."

„Du weißt aber wirklich sehr wenig für jemand, der behauptet, zu Christus bekehrt worden zu sein!"

„Du hast recht. Ich schäme mich, so wenig von ihm zu wissen. Aber so viel weiß ich: Noch vor drei Jahren war ich ein Trinker. Ich hatte Schulden. Meine Familie brach auseinander. Meine Frau und Kinder fürchteten sich jeden Abend vor meiner Heimkehr. Aber jetzt habe ich das Trinken aufgegeben; wir haben keine Schulden mehr; wir sind eine glückliche Familie. Meine Kinder erwarten mich ungeduldig jeden Abend. Das alles hat Christus für mich getan. Soviel weiß ich von Christus!"

Wirklich wissen heißt, von diesem Wissen verändert zu werden.

Jesu Blick

Im Evangelium nach Lukas lesen wir das Folgende: Aber Petrus sagte: „Mann, ich weiß nicht, wovon du sprichst." Während er das sagte, krähte ein Hahn; und der Herr drehte sich um und blickte Petrus direkt an ... und Petrus ging hinaus und weinte bitterlich.

Ich hatte ein ziemlich gutes Verhältnis zu dem Herrn. Ich pflegte ihn um Dinge zu bitten und mich mit ihm zu unterhalten, ihn zu loben und ihm zu danken.

Aber ich hatte stets das unangenehme Gefühl, er wolle mich veranlassen, ihm in die Augen zu sehen. Und ich wollte nicht. Ich redete zwar, blickte aber weg, wenn ich spürte, daß er mich ansah. Immer sah ich weg, und ich wußte warum. Ich hatte Angst, einen Vorwurf dort zu finden wegen irgendeiner noch nicht bereuten Sünde. Ich dachte, ich würde auf eine Forderung stoßen: irgend etwas wollte er wohl von mir.

Eines Tages faßte ich Mut und blickte ihn an! Da war kein Vorwurf. Da war keine Forderung. Die Augen sagten nur: ‚Ich liebe dich.' Ich blickte lange in diese Augen, forschend blickte ich in sie hinein. Doch die einzige Botschaft lautete: ‚Ich liebe dich.' Und ich ging hinaus, und wie Petrus weinte ich.

Das goldene Ei

Eine Lesung aus der Heiligen Schrift:
Das sagt der Herr: „Es war einmal eine Gans, die legte jeden Tag ein goldenes Ei. Und die Frau des Bauern, dem die Gans gehörte, freute sich an dem Reichtum, den ihr diese Eier einbrachten. Sie war jedoch habgierig und wollte nicht geduldig von einem Tag zum anderen warten, bis sie wieder ein goldenes Ei bekam. Sie beschloß, die Gans zu töten, damit sie die Eier auf einmal bekäme. Dies tat sie schließlich. Sie tötete die Gans, und nun hatte sie nichts weiter als ein halb ausgebildetes Ei und eine tote Gans, die keine Eier mehr legen konnte."

So weit das heilige Wort Gottes.

Ein Atheist hörte diesen Text aus der Heiligen Schrift und höhnte: „Das nennt ihr Wort Gottes? Eine Gans, die goldene Eier legt! Das beweist nur, wieviel Glauben man diesem sogenannten Gott schenken kann."

Als ein frommer Gelehrter diesen Text las, reagierte er so: „Der Herr sagt uns ganz klar, daß es eine Gans gab, die goldene Eier legte. Wenn der Herr das sagt, muß es wahr sein, gleichgültig, wie absurd es unseren armen menschlichen Hirnen erscheint. Tatsächlich geben uns archäologische Forschungen einige vage Hinweise, daß irgendwann im Altertum eine geheimnisvolle Gans existierte, die wirklich goldene Eier legte. Nun wird man mit einiger Berechtigung fragen, wie ein Ei ein Ei bleiben und dennoch gleichzeitig aus Gold sein kann. Natürlich gibt es darauf keine Antwort. Verschiedene religiöse Schulen versuchen es unterschiedlich zu erklären. Aber letzten Endes wird einfach ein Akt des Glaubens verlangt an ein Geheimnis, das den menschlichen Geist übersteigt."

Es gab sogar einen Prediger, der nach der Lektüre dieses Textes durch Städte und Dörfer reiste und die Menschen mit großem Eifer drängte, die Tatsache anzunehmen, daß Gott irgendwann im Verlauf der Geschichte goldene Eier geschaffen hatte.

Hätte er seine Zeit nicht nützlicher damit verbracht, den Menschen das Übel des Geizes vor Augen zu führen, als den Glauben an goldene Eier zu fördern? Denn ist es nicht viel unwichtiger zu sagen: ‚Herr, Herr!', als den Willen unseres Vaters im Himmel zu tun?

Gute Nachricht

Hier ist die Gute Nachricht, die unser Herr Jesus Christus verkündet hat:

Jesus begann seine Jünger in Gleichnissen zu lehren. Er sagte:

„Das Himmelreich gleicht zwei Brüdern, die fröhlich und zufrieden lebten, bis sie beide von Gott zu Jüngern berufen wurden.

Der Ältere ging frohen Herzens auf die Berufung ein, obgleich er sich von seiner Familie losreißen mußte und auch von dem Mädchen, das er liebte und heiraten wollte. Schließlich ging er fort in ein fernes Land, wo er sein Leben im Dienste der Ärmsten der Armen zubrachte. Als in jenem Land eine Christenverfolgung einsetzte, wurde er gefangengenommen, zu Unrecht beschuldigt, gefoltert und getötet.

Und der Herr sagte zu ihm: ‚Bravo, du bist ein guter und treuer Diener! Du hast mir Dienste im Werte von tausend Talenten geleistet. Ich werde dir nun zur Belohnung eine Milliarde geben, eine Milliarde Talente. Tritt ein in die Freude deines Herrn!'

Die Antwort des jüngeren Bruders auf die Berufung war bei weitem nicht so hochherzig. Er beschloß, sie zu überhören, wie bisher weiterzumachen und das Mädchen, das er liebte, zu heiraten. Er war lange Jahre glücklich verheiratet, sein Geschäft blühte, und er wurde reich und berühmt. Gelegentlich gab er einem Bettler eine kleine Gabe oder erwies seiner Frau und Kindern eine besondere Freundlichkeit. Gelegentlich schickte er auch einen kleinen Geldbetrag an seinen älteren Bruder im fernen Land. ‚Vielleicht hilft es dir bei deiner Arbeit für die armen Teufel dort', schrieb er.

Und als auch für ihn die Zeit zum Sterben kam, sagte der Herr zu ihm: ‚Bravo, guter und treuer Diener! Du hast mir Dienste im Werte von zehn Talenten geleistet. Ich werde dir eine Milliarde geben, eine Milliarde Talente als Belohnung. Tritt ein in die Freude deines Herrn!'

Der ältere Bruder war überrascht, als er hörte, sein Bruder bekäme die gleiche Belohnung wie er. Und er war es zufrieden. Er sagte: ‚Herr, nun da ich weiß, was ich weiß, würde ich, sollte ich noch einmal geboren werden und mein Leben noch einmal leben, genau dasselbe für dich tun, was ich getan habe.'"

Das ist wirklich eine frohe Botschaft: ein großmütiger Herr, ein Jünger, der ihm dient aus reiner Freude am Dienen, wie sie nur Liebe geben kann.

Joneyed und der Barbier

Der heilige Mann Joneyed ging in Bettlerkleidung nach Mekka. Dort sah er einen Barbier einen reichen Mann rasieren. Als er den Barbier bat, ihn zu rasieren, verließ dieser sofort den reichen

Mann und rasierte Joneyed. Und er nahm kein Geld von ihm, gab ihm sogar noch ein kleines Almosen.

Joneyed war so gerührt, daß er beschloß, dem Barbier alles zu geben, was er an diesem Tag an Almosen erhalten würde.

Nun geschah es, daß ein reicher Pilger zu Joneyed kam und ihm einen Beutel voll Gold gab. Am Abend begab sich Joneyed zu dem Barbierladen und wollte dem Barbier das Gold geben.

Der Barbier schrie ihn an: „Ihr wollt ein heiliger Mann sein? Schämt Ihr Euch nicht, einen Liebesdienst bezahlen zu wollen?"

Manchmal hört man Menschen sagen: „Herr, wir haben soviel für dich getan. Wie belohnst du uns?"

Wenn Belohnung angeboten oder erstrebt wird, wird Liebe zur käuflichen Ware.

Eine phantastische Vorstellung:

Der Jünger schrie Gott an: „Was bist du für ein Gott? Schämst du dich nicht, einen Liebesdienst bezahlen zu wollen?"

Der Herr sagte lächelnd: „Ich belohne niemand, ich freue mich nur Eurer Liebe."

Der ältere Sohn

Das Thema seiner Predigt war der verlorene Sohn. Und der Prediger sprach einfühlsam von der unglaublichen Liebe des Vaters. Aber was war erstaunlich an des Vaters Liebe? Viele tausend Väter könnten es mit dieser Liebe aufnehmen, nicht zu reden von vielen tausend Müttern.

Das Gleichnis zielte eigentlich auf die Pharisäer: Die Steuereinnehmer und andere unangenehme Gestalten hatten sich um ihn versammelt, um zuzuhören; und Pharisäer und Rechtsgelehrte begannen unter sich zu murren: ‚Dieser Mensch', sagten sie, ‚heißt Sünder willkommen und sitzt mit ihnen zu Tische.' Er anwortete ihnen mit dem Gleichnis vom verlorenen Sohn.

Der Nörgler! Der Pharisäer! Der ältere Sohn! Das ist der Sinn des Gleichnisses.

Gott betrat eines Tages den Himmel und fand zu seiner Überraschung, daß alle da waren. Nicht eine einzige Seele war in die Hölle geschickt worden. Das beunruhigte Ihn, denn war Er es sich nicht schuldig, gerecht zu sein? Und warum war dann überhaupt die Hölle geschaffen worden, wenn sie nicht benützt wurde?

Also sagte Er zum Engel Gabriel: „Ruf alle vor meinem Thron zusammen und lies ihnen die Zehn Gebote vor."

Jeder wurde aufgefordert zu erscheinen. Gabriel las das erste Gebot. Darauf sagte Gott: „Alle, die gegen dieses Gebot verstoßen haben, sollen sich sofort in die Hölle begeben." Einige der Versammelten traten aus der Menge heraus und begaben sich traurig in die Hölle.

Ähnlich wurde nach der Lesung des Zweiten Gebotes verfahren und des dritten, vierten und fünften. Da hatte die Himmelsbevölkerung schon ganz schön abgenommen. Nach dem sechsten Gebot marschierten alle in die Hölle außer einem fetten, alten, kahlköpfigen Einsiedler.

Gott blickte auf und sagte zu Gabriel: „Ist er der einzige, der im Himmel übriggeblieben ist?"

„Ja", antwortete Gabriel.

„Nun ja", sagte Gott, „es ist doch ziemlich langweilig hier, findest du nicht auch? Ruf alle zurück."

Als der fette, alte, kahlköpfige Einsiedler hörte, daß allen vergeben werden sollte, war er empört.

Und er schrie Gott an: „Das ist ungerecht! Warum hast du mir das nicht vorher gesagt?"
Aha! ein weiterer Pharisäer, noch ein älterer Sohn. Der Mensch, der an Belohnung und Strafe glaubt und fanatisch für strengste Gerechtigkeit eintritt.

Die Religion der alten Dame

Eine sehr religiös eingestellte alte Dame hatte an allen bestehenden Religionen etwas auszusetzen, also gründete sie eine eigene.

Eines Tages sagte ein Reporter zu ihr, der sich wirklich bemühte, ihre Ansicht zu verstehen: „Glauben Sie wirklich, wie man behauptet, daß niemand in den Himmel kommen wird außer Ihnen und Ihrem Hausmädchen?"

Die alte Dame dachte über die Frage nach und erwiderte dann: „Bei Mary bin ich nicht so sicher."

Liebe vergißt

Warum sprichst du ständig von meinen früher begangenen Fehlern?" sagte der Ehemann. „Ich dachte, du hättest sie vergeben und vergessen."

„Ich habe tatsächlich vergeben und vergessen", antwortete die Ehefrau, „aber ich möchte sicher sein, daß du nicht vergißt, daß ich vergeben und vergessen habe."

Ein Dialog:

Jünger: „Denk nicht an meine Sünden, o Herr!"

Herr: „Sünden? Welche Sünden? Da wirst du meinem Gedächtnis nachhelfen müssen. Ich habe sie schon seit Urzeiten vergessen."

Liebe führt nicht Buch über Kränkungen.

Die Lotusblume

Ich wunderte mich sehr über meinen Freund. Er wollte der Nachbarschaft vorführen, wie heilig er war. Zu diesem Zweck zog er sich sogar ein entsprechendes Gewand an. Ich war stets der Meinung, ein wahrhaft heiliger Mensch brauche von sich aus nichts zu tun, damit es für andere deutlich wird. Mein Freund war jedoch entschlossen, seinen Nachbarn auf die Sprünge zu helfen. Er versammelte sogar eine kleine Schar von Schülern, die ihre angebliche Heiligkeit kundtun sollten. Sie nannten das: Zeugnis ablegen.

Als ich an dem Teich vorbeikam, sah ich eine Lotusblume in voller Blüte und sagte spontan zu ihr: „Wie schön du bist, meine Liebe! Und wie schön muß der Gott sein, der dich geschaffen hat."

Und sie errötete, denn sie war sich ihrer großen Schönheit nicht bewußt, und es freute sie, daß Gott gerühmt wurde.

Sie war um so schöner, weil sie von ihrer Schönheit nichts ahnte, und sie zog mich an, weil sie nicht versuchte, meine Aufmerksamkeit zu erregen.

Etwas entfernt lag ein anderer Teich, wo ich eine Lotusblume fand, die mir ihre Blütenblätter entgegenstreckte und ganz unumwunden sagte: „Sieh meine Schönheit, und preise meinen Schöpfer." Angeekelt ging ich weg.

Wenn ich darauf aus bin, moralisch zu erbauen, will ich andere beeindrucken. Denkt an den wohlmeinenden Pharisäer!

Die Schildkröte

Er war Führer einer religiösen Gruppe. Eine Art Guru. Verehrt, geachtet, sogar geliebt. Aber er klagte mir gegenüber, daß er die Wärme menschlicher Kameradschaft vermißte. Die Leute suchten ihn auf, um Rat und Hilfe zu bekommen. Sie betrachteten ihn nicht als menschliches Wesen. In seiner Gesellschaft entspannten sie sich nicht.

Wie sollten sie auch? Ich sah ihn an: er war ausgeglichen, beherrscht, würdevoll, vollkommen. Und ich sagte ihm: „Sie müssen eine schmerzliche Wahl treffen: lebendig und liebenswert zu sein oder beherrscht und respektiert. Beides können Sie nicht haben." Traurig ging er weg. Seine Stellung, sagte er, mache es ihm unmöglich, lebendig, ja er selbst zu sein. Er mußte eine Rolle spielen und geachtet werden.

Jesus scheint lebendig und frei gewesen zu sein. Nicht ausgeglichen und respektiert. Bestimmt hat er viele ehrenwerte Leute mit seinen Worten und seinem Benehmen schockiert.

Der Kaiser von China hörte von der Weisheit eines Eremiten, der in den Bergen im Norden lebte. Er schickte Boten zu ihm, die ihm das Amt des Premierministers in seinem Reich antragen sollten. Die kaiserlichen Gesandten waren tagelang unterwegs, ehe sie die Eremitenklause erreichten. Den Eremiten fanden sie halbnackt auf einem Felsen sitzend beim Fischen. Zuerst bezweifelten sie, daß das der Mann sein sollte, von dem der Kaiser so große Stücke hielt, aber Erkundigungen im nächsten Dorf ergaben, daß er es tatsächlich war. So riefen sie ihn vom Ufer aus höflich an.

Der Eremit watete ans Ufer, nahm die reichen Geschenke der Gesandten entgegen und vernahm ihr seltsames Begehren. Als ihm schließlich klar wurde, daß der Kaiser ihn, den Eremiten, zum Premierminister des Reiches machen wollte, warf er den Kopf zurück und brüllte vor Lachen. Als er sich schließlich beruhigt hatte, sagte er zu den bestürzten Gesandten: „Seht ihr diese Schildkröte hier, wie sie im Schmutz mit ihrem Schwanz wippt?“

„Ja, geehrter Herr“, sagten die Abgesandten.

„Nun sagt mir, stimmt es, daß sich der kaiserliche Haushalt jeden Tag in der Palastkapelle versammelt und eine ausgestopfte Schildkröte verehrt, die sich in einem Schrein über dem Hauptaltar befindet, eine göttliche Schildkröte, deren Rückenschild mit Diamanten, Rubinen und anderen Edelsteinen inkrustiert ist?“

„So ist es in der Tat, geehrter Herr“, sagten die Abgesandten.

„Glaubt ihr wohl, daß dieser kleine Bursche hier, der im Schmutz mit seinem Schwanz wackelt, den Platz mit der göttlichen Schildkröte tauschen würde?“

„Nein, verehrter Herr“, sagten die Gesandten.

„Dann geht und sagt dem Kaiser, daß auch ich das nicht will. Ich möchte lieber lebendig in diesen Bergen als tot in seinem Palast sein. Niemand kann in einem Palast wohnen und lebendig bleiben.“

Bayazid bricht die Regel

Bayazid, der Moslem-Heilige, pflegte manchmal absichtlich gegen die äußeren Formen und Riten des Islam zu verstoßen.

Einmal geschah es, daß er auf dem Rückweg von Mekka in der iranischen Stadt Rey haltmachte. Die Einwohner, die ihn verehrten, eilten herbei, um ihn willkommen zu heißen, und verursachten in der Stadt ein großes Aufsehen. Bayazid, der dieser Art von Verehrung überdrüssig war, wartete, bis er den Marktplatz erreicht hatte. Dort kaufte er einen Laib Brot und begann, im Angesicht seiner Gefolgsleute schmatzend zu kauen. Es war ein Fastentag im Monat Ramadan, aber Bayazid fand, daß seine Reise durchaus rechtfertigte, dieses religiöse Gebot zu brechen.

Anders seine Gefolgsleute. Sie waren über sein Verhalten so entsetzt, daß sie ihn auf der Stelle verließen und nach Hause gingen. Zufrieden bemerkte Bayazid zu einem Schüler: „Siehst du, ich brauchte bloß etwas für sie Unerwartetes zu tun, und schon schwand ihre Verehrung für mich dahin."

Jesus entsetzte seine Gefolgsleute auf ähnliche Weise.

Die Massen brauchen einen Heiligen, den sie verehren können, einen Guru, den sie um Rat fragen. Ein stillschweigendes Abkommen: du mußt unseren Erwartungen gerecht werden, als Gegenleistung bieten wir dir Verehrung. Das Heiligkeitsspiel!

Musik für die Tauben

Ich war stocktaub. Ich sah Leute aufstehen und verschiedene kreisende Bewegungen machen. Sie nannten es tanzen. Es kam mir absurd vor, bis ich eines Tages die Musik hörte. Und dann verstand ich. Wie schön war der Tanz!

Nun sehe ich das alberne Benehmen der Heiligen. Aber ich weiß, mein Geist ist tot. Also enthalte ich mich jeden Urteils, bis er lebendig wird. Vielleicht werde ich dann verstehen.

Und ich sehe das verrückte Benehmen von Liebenden.

Aber ich weiß, mein Herz ist tot.

Anstatt also ein Urteil zu fällen, begann ich zu beten, mein Herz möge eines Tages wieder lebendig werden.

Reichtum

Ehemann: „Weißt du, Liebling, ich werde hart arbeiten, und eines Tages werden wir reich werden."

Ehefrau: „Wir sind schon reich, Liebster, denn wir haben einander. Eines Tages werden wir vielleicht Geld haben."

Die sieben Krüge voll Gold

Ein Barbier kam an einem verwunschenen Baum vorbei, als er eine Stimme hörte: „Möchtest du die sieben Krüge voll Gold haben?" Er blickte sich um und sah niemand. Aber seine Habgier war geweckt, und er rief eifrig: „Ja, natürlich möchte ich sie haben."

„Dann geh sofort nach Hause", sagte die Stimme, „dort wirst du sie vorfinden."

Der Barbier lief, so schnell er konnte, nach Hause. Und wirklich, dort waren die sieben Krüge, alle mit Gold gefüllt außer einem, der nur halbvoll war. Der Barbier konnte jetzt den Gedanken nicht ertragen, daß ein Krug nur halbvoll war. Er war besessen von dem Wunsch, ihn zu füllen, sonst könnte er einfach nicht glücklich sein.

Er ließ allen Familienschmuck in Goldstücke einschmelzen und füllte sie in den halbvollen Krug. Aber der Krug blieb halbgefüllt wie zuvor. Es war zum Verzweifeln! Er sparte und knauserte und hungerte sich und seine Familie beinahe zu Tode. Aber ohne Erfolg. Gleichgültig wieviel Gold er hineinfüllte, der Krug blieb stets nur halbvoll.

Also bat er eines Tages den König, sein Gehalt zu erhöhen. Es wurde verdoppelt. Wieder begann der Kampf, den Krug zu füllen. Er begann sogar zu betteln. Der Krug verschlang jede Münze, die hineingeworfen wurde, und blieb doch hartnäckig halbvoll.

Der König bemerkte nun, wie elend und verhungert der Barbier aussah. „Was fehlt dir?" fragte er. „Du warst so glücklich und zufrieden, als dein Gehalt noch kleiner war. Nun ist es verdoppelt worden, und du bist so erschöpft und niedergeschlagen. Kann es sein, daß du die sieben Krüge voll Gold zu Hause hast?"

Der Barbier war erstaunt: „Wer hat Euch das gesagt, Majestät?" fragte er.

Der König lachte: „Du hast alle Symptome eines Menschen, dem der Geist die sieben Krüge anbietet. Er hat sie auch mir einmal angeboten. Ich fragte, ob dieses Geld ausgegeben werden könnte oder einfach gehortet werden müßte, und da verschwand er ohne ein weiteres Wort. Das Geld kann nicht ausgegeben werden. Es bewirkt nur den inneren Zwang, es zu horten. Geh hin, und gib es dem Geist zurück, und in derselben Minute wirst du wieder glücklich sein."

Ein Gleichnis über das moderne Leben

Die Tiere hielten eine Versammlung ab und begannen sich darüber zu beklagen, daß die Menschen ihnen immer wieder Dinge wegnahmen.

„Sie nehmen meine Milch", sagte die Kuh.

„Sie nehmen meine Eier", sagte die Henne.

„Sie nehmen mein Fleisch und machen Speck daraus", sagte das Schwein.

„Sie machen Jagd auf mich wegen meines Öls", sagte der Wal.

Und so ging es fort.

Schließlich sprach die Schnecke. „Ich habe etwas, was sie gerne hätten, und zwar mehr als alles andere. Etwas, was sie mir gerne wegnähmen, wenn sie könnten. Ich habe ZEIT."

Du hast alle Zeit der Welt, wenn du sie dir nur nimmst. Was hält dich davon ab?

Hofetz Chaim

Im vorigen Jahrhundert besuchte ein Tourist aus den Vereinigten Staaten den berühmten polnischen Rabbi Hofetz Chaim.

Erstaunt sah er, daß der Rabbi nur in einem einfachen Zimmer voller Bücher wohnte. Das einzige Mobiliar waren ein Tisch und eine Bank.

„Rabbi, wo sind Ihre Möbel?" fragte der Tourist.

„Wo sind Ihre?" erwiderte Hofetz.

„Meine? Aber ich bin nur zu Besuch hier. Ich bin nur auf der Durchreise", sagte der Amerikaner.

„Genau wie ich", sagte der Rabbi.

Wenn ein Mensch beginnt, tiefer nach innen zu leben, lebt er einfacher nach außen.

Aber leider bringt einfaches Leben nicht zwangsläufig Tiefe mit sich.

Der Himmel und die Krähe

Eine Geschichte der Bhagawata Purana:

Eine Krähe erhob sich einst in den Himmel mit einem Stück Fleisch im Schnabel. Zwanzig Krähen flogen auf, sie zu verfolgen, und griffen sie erbittert an.

Schließlich ließ die Krähe das Stück Fleisch fallen. Darauf ließen die Verfolger von ihr ab und flogen kreischend dem Stück Fleisch nach.

Sagte die Krähe: „Jetzt ist es friedlich hier oben. Der ganze Himmel gehört mir."

Sagte ein Zen-Mönch:

„Als mein Haus abbrannte, behinderte nichts meine Sicht auf den nächtlichen Mond."

Wer kann den Mond stehlen?

Der Zen-Meister Ryokan lebte sehr bescheiden in einer kleinen Hütte am Fuß der Berge. Eines Nachts, als der Meister fort war, brach ein Dieb in die Hütte ein, nur um festzustellen, daß nichts zu stehlen war.

Ryokan kam zurück und erwischte ihn. „Du hast dir viel Mühe gemacht, mich zu besuchen", sagte er zu dem Einbrecher. „Du sollst nicht mit leeren Händen davongehen. Bitte nimm meine Kleider und die Decke als Geschenk."

Der Dieb nahm höchst verwirrt die Kleider und trollte sich. Ryokan setzte sich hin, nackt wie er war, und beobachtete den Mond. „Armer Kerl", dachte er bei sich, „ich wünschte, ich könnte ihm den wunderbaren Mondschein geben."

Der Diamant

Der Sannyasi hatte den Dorfrand erreicht und ließ sich unter einem Baum nieder, um dort die Nacht zu verbringen, als ein Dorfbewohner angerannt kam und sagte: „Der Stein! Der Stein! Gib mir den kostbaren Stein!"

„Welchen Stein?" fragte der Sannyasi.

„Letzte Nacht erschien mir Gott Shiwa im Traum", sagte der Dörfler, „und sagte mir, ich würde bei Einbruch der Dunkelheit am Dorfrand einen Sannyasi finden, der mir einen kostbaren Stein geben würde, so daß ich für immer reich wäre."

Der Sannyasi durchwühlte seinen Sack und zog einen Stein heraus. „Wahrscheinlich meinte er diesen hier", sagte er, als er dem Dörfler den Stein gab. „Ich fand ihn vor einigen Tagen auf einem Waldweg. Du kannst ihn natürlich haben."

Staunend betrachtete der Mann den Stein. Es war ein Diamant. Wahrscheilich der größte Diamant der Welt, denn er war so groß wie ein menschlicher Kopf.

Er nahm den Diamanten und ging weg. Die ganze Nacht wälzte er sich im Bett und konnte nicht schlafen. Am nächsten Tag weckte er den Sannyasi bei Anbruch der Dämmerung und sagte: „Gib mir den Reichtum, der es dir ermöglicht, diesen Diamanten so leichten Herzens wegzugeben."

Gebet um Zufriedenheit

Gott Vishnu hatte die ständigen Bitten eines Anhängers so satt, daß er ihm eines Tages erschien und sagte: „Ich habe beschlossen, dir drei beliebige Dinge zu gewähren, um die du mich bittest, aber dann ist Schluß. Ich werde dir nichts mehr geben."

Der Eiferer tat hocherfreut seine erste Bitte auf der Stelle. Er bat, seine Frau möge sterben, so daß er eine bessere Frau heiraten könnte. Seine Bitte wurde sofort gewährt.

Aber als seine Freunde und Verwandten zum Begräbnis zusammenkamen und alle die guten Eigenschaften seiner Frau wieder ins Gedächtnis riefen, merkte der Jünger, daß er vorschnell gehandelt hatte. Jetzt wurde ihm klar, daß er ihren Tugenden gegenüber blind gewesen war. Würde er je eine andere Frau finden, die genauso gut wie sie wäre?

Also bat er Vishnu, sie wieder lebendig zu machen! Nun hatte er nur noch eine Bitte frei. Und er war fest entschlossen, dieses Mal keinen Fehler zu machen, denn es wäre nicht mehr möglich, ihn zu korrigieren. Er fragte überall um Rat. Einige seiner Freunde rieten ihm, um Unsterblichkeit zu bitten. Aber was nützte Unsterblichkeit, sagten andere, wenn er nicht gesund war! Und was nützte Gesundheit, wenn er kein Geld hatte? Und was nützte Geld, wenn er keine Freunde hatte?

Jahre vergingen, und er konnte sich zu keinem Wunsch entschließen: Leben oder Gesundheit, oder Reichtum, oder Macht, oder Liebe. Schließlich sagte er zu Vishnu: „Bitte rate mir, worum ich bitten soll."

Vishnu lachte, als er die mißliche Lage des Mannes sah und sagte: „Bitte darum, zufrieden zu sein, was immer das Leben dir auch bringen mag."

Die Weltmesse der Religionen

Mein Freund und ich gingen auf die Messe. DIE WELTMESSE DER RELIGIONEN. Keine Handelsmesse, eine religiöse Messe. Aber der Wettbewerb war genauso verbissen, die Reklame genauso laut.

Am jüdischen Stand erhielten wir Prospekte, die besagten, Gott sei allbarmherzig und die Juden sein auserwähltes Volk.

Am islamischen Stand erfuhren wir, Gott sei voller Gnade und Mohammed sein einziger Prophet. Das Heil erlange man, wenn man auf den einzigen Propheten Gottes höre.

Am christlichen Stand entdeckten wir, daß Gott die Liebe sei und es außerhalb der Kirche keine Rettung gäbe. Nur ein Mitglied der Kirche läuft nicht die Gefahr ewiger Verdammnis.

Beim Hinausgehen fragte ich meinen Freund: „Was hältst du von Gott?"

Er erwiderte: „Er ist engstirnig, fanatisch und grausam."

Wieder zu Hause fragte ich Gott: „Was hältst du von einer solchen Sache, Herr? Merkst du nicht, daß man dich jahrhundertelang in Mißkredit gebracht hat?"

Gott sagte: „Ich habe die Messe nicht organisiert. Ich hätte mich geniert, auch nur hinzugehen."

Diskriminierung

Ich ging noch einmal zurück auf die Messe der Religionen. Dieses Mal hörte ich eine Rede des Hohenpriesters der Balakri-Religion. Der Prophet Balakri, wurde gesagt, war der Messias, der im fünften Jahrhundert im Heiligen Land Mesambia geboren worden war.

In jener Nacht hatte ich wieder eine Auseinandersetzung mit Gott. „Du scheust wirklich keine Art der Diskriminierung, Gott. Warum muß das fünfte Jahrhundert das aufgeklärte Jahrhundert sein und warum ausgerechnet Mesambia das Heilige Land? Warum diskriminierst du andere Jahrhunderte und andere Länder? Was ist z. B. an meinem Jahrhundert auszusetzen? Und was stimmt nicht mit meinem Land?"

Darauf antwortete Gott: „Ein Feiertag ist heilig, weil er bekundet, daß alle Tage des Jahres heilig sind. Und ein Heiligtum ist heilig, weil es zeigt, daß alle Orte geheiligt sind. Also wurde Christus geboren, um zu zeigen, daß alle Menschen Gottes Kinder sind."

Offensives und defensives Gebet

Die katholische Fußballmannschaft war unterwegs zu einem wichtigen Spiel. Ein Reporter stieg in den Zug und fragte nach dem Trainer.

„Wie ich gehört habe", sagte der Reporter, „haben Sie einen Kaplan dabei, der für den Erfolg der Mannschaft betet. Würden Sie mich ihm bitte vorstellen?"

„Es wäre mir ein Vergnügen", antwortete der Trainer, „welchen möchten Sie sprechen, den Angriffs- oder den Verteidigungskaplan?"

Jesus beim Fußballmatch

Jesus Christus sagte, er sei noch nie bei einem Fußballmatch gewesen. Also nahmen meine Freunde und ich ihn zu einem Spiel mit. Es war eine wilde Schlacht zwischen den protestantischen Boxern und den katholischen Kreuzfahrern.

Die Kreuzritter erzielten den ersten Treffer. Jesus schrie laut Beifall und warf seinen Hut in die Luft. Dann waren die Boxer vorne. Und Jesus spendete wild Beifall und warf seinen Hut in die Luft.

Das schien den Mann hinter uns zu verwirren. Er klopfte Jesus auf die Schulter und fragte: „Für welche Partei brüllen Sie, guter Mann?"

„Ich", erwiderte Jesus, den mittlerweile das Spiel sichtlich aufregte, „oh, ich schreie für keine Partei. Ich bin bloß hier, um das Spiel zu genießen."

Der Frager wandte sich seinem Nachbarn zu und feixte: „Hm, ein Atheist!"

Auf dem Rückweg klärten wir Jesus über die Lage der Religionen in der heutigen Welt auf. „Fromme Leute sind ein komisches Volk, Herr", sagten wir, „sie scheinen immer zu denken, Gott sei auf ihrer Seite und gegen die Leute von der anderen Partei."

Jesus stimmte zu. „Deswegen setze ich nie auf Religionen, ich setze auf Menschen", sagte er. „Menschen sind wichtiger als Religionen. Der Mensch ist wichtiger als der Sabbat."

„Du solltest deine Worte wägen", sagte einer von uns etwas besorgt.

„Du bist schon einmal wegen einer solchen Sache gekreuzigt worden."

„Ja – und von religiösen Leuten", sagte Jesus mit gequältem Lächeln.

Ideologie

Es ist niederschmetternd, zu lesen, wie grausam Menschen miteinander umgehen. Es folgt ein Zeitungsbericht, welche Foltermethoden in modernen Konzentrationslagern praktiziert werden:

Das Opfer wird an einen Metallstuhl gebunden. Dann werden ihm allmählich stärker werdende Stromstöße verabreicht, bis er ein Geständnis ablegt. Mit der hohlen Hand schlägt der Folterknecht dem Opfer auf das Ohr, so lange, bis das Trommelfell platzt.

Ein Gefangener wird auf einem Zahnarztstuhl festgebunden. Dann bohrt der Zahnarzt, bis er einen Nerv trifft. Es wird so lange weitergebohrt, bis das Opfer zur Kooperation bereit ist.

Der Mensch ist nicht von Natur aus grausam. Er wird grausam, wenn er unglücklich ist oder sich einer Ideologie ausliefert. Eine Ideologie gegen die andere; ein System gegen ein anderes; eine Religion gegen eine andere. Und der Mensch wird zwischen ihnen zerrieben.

Die Männer, die Jesus kreuzigten, waren wahrscheinlich keine grausamen Menschen. Sie können durchaus gütige Ehemänner und liebevolle Väter gewesen sein, die zu solcher Grausamkeit fähig wurden, um ein System, eine Ideologie oder eine Religion zu stützen.

Wären religiöse Menschen eher dem Instinkt ihres Herzens gefolgt als der Logik ihrer Religion, wäre uns der Anblick von Ketzern auf Scheiterhaufen und Witwen bei der Leichenverbrennung erspart geblieben und der von Millionen unschuldiger Menschen, die in Kriegen dahingeschlachtet wurden, Kriegen, die im Namen der Religion und Gottes geführt wurden.

Moral: Hat man die Wahl zwischen dem Gebot eines mitleidigen Herzens und den Forderungen einer Ideologie, so weise man die Ideologie ohne Zögern zurück. Mitleid kennt keine Ideologie.

Die Welt verändern, indem ich mich ändere

Der Sufi Bayazid erzählt folgende Geschichte: „In meiner Jugend war ich Revolutionär, und mein einziges Gebet zu Gott lautete: ‚Herr, gib mir die Kraft, die Welt zu ändern.'

Als ich die mittleren Jahre erreichte und merkte, daß die Hälfte meines Lebens vertan war, ohne daß ich eine einzige Seele geändert hätte, wandelte ich mein Gebet ab und bat: ‚Herr, gib mir die Gnade, alle jene zu verändern, die mit mir in Berührung kommen. Nur meine Familie und Freunde, dann bin ich schon zufrieden.'

Nun, da ich ein alter Mann bin und meine Tage gezählt sind, beginne ich einzusehen, wie töricht ich war. Mein einziges Gebet lautet nun: ‚Herr, gib mir die Gnade, mich selbst zu ändern.' Wenn ich von Anfang an darum gebetet hätte, wäre mein Leben nicht vertan."

Jeder möchte die Menschheit ändern, kaum jemand denkt daran, sich selbst zu ändern.

Gezähmte Rebellen

Er war ein schwieriger Mensch. Er dachte und handelte anders als wir. Er stellte alles in Frage. War er ein Rebell oder ein Prophet, ein Psychopath oder ein Held? „Wer kann das unterscheiden“, sagten wir, „und wen kümmert es überhaupt?“

Also sozialisierten wir ihn. Wir lehrten ihn, auf die öffentliche Meinung und die Gefühle anderer Rücksicht zu nehmen. Wir brachten ihn dazu, sich anzupassen. Nun war es nicht mehr schwierig, mit ihm zusammenzuleben. Gut angepaßt. In Wirklichkeit hatten wir ihn gelehrt, unseren Erwartungen zu entsprechen. Wir hatten ihn gefügig und willfährig gemacht.

Wir sagten ihm, er hätte Gelassenheit gelernt. Wir gratulierten ihm zu seiner Selbstbeherrschung. Er begann sich selbst zu beglückwünschen. Er merkte nicht, daß *wir* ihn jetzt beherrschten.

Ein großes Mannsbild betrat einen überfüllten Raum und schrie: „Ist hier ein Bursche namens Murphy?“ Ein kleiner Kerl stand auf und sagte: „Ich bin Murphy.“

Der Hüne brachte ihn beinahe um. Er brach ihm fünf Rippen, die Nase, versetzte ihm zwei blaue Augen und schlug ihn dann nieder. Danach verließ er den Raum.

Als er draußen war, sahen wir, wie der Kleine kichernd zu sich sagte: „Den Kerl habe ich ganz schön angeführt. Ich bin nicht Murphy, ha, ha.“

Eine Gesellschaft, die ihre Rebellen gezähmt hat, gewinnt Frieden, aber verliert ihre Zukunft.

Das verlorene Schaf

Ein Gleichnis für religiöse Erzieher.

Ein Schaf fand ein Loch im Zaun und kroch hindurch. Es war so froh, abzuhauen. Es lief weit weg und fand nicht mehr zurück.

Und dann merkte es, daß ihm ein Wolf folgte. Es

lief und lief, aber der Wolf blieb ihm auf den Fersen, bis der Hirte kam, es aufnahm und liebevoll zurück in den Pferch trug.

Und trotz allen Drängens weigerte sich der Hirte, das Loch im Zaun zu vernageln.

Das Sklavenmädchen

Ein Moslemkönig verliebte sich leidenschaftlich in eine Sklavin und holte sie aus den Sklavenhäusern in den Palast. Er wollte sie heiraten und zu seiner Lieblingsfrau machen, aber am Tag, als sie den Palast betrat, wurde das Mädchen auf geheimnisvolle Weise krank.

Es ging ihr immer schlechter. Sie erhielt jede Arznei, die beschafft werden konnte, aber nichts half. Und das arme Mädchen schwebte zwischen Leben und Tod.

Verzweifelt bot der König die Hälfte seines Reiches dem an, der sie heilen könnte. Aber niemand traute sich, eine Krankheit heilen zu wollen, die den besten Ärzten des Reiches ein Rätsel war.

Schließlich tauchte ein Hakim auf, der bat, das Mädchen allein sehen zu können. Nachdem er lang mit ihr gesprochen hatte, trat er vor den Thron des Königs, der ängstlich sein Urteil erwartete.

„Euer oder Eure Majestät", sagte der Hakim, „ich kenne tatsächlich eine unfehlbare Medizin für das Mädchen. Und ich bin ihrer Wirkung so sicher, daß ich bereit bin, mich bei Mißerfolg enthaupten zu lassen. Die Medizin, die ich vorschlage, wird allerdings äußerst schmerzhaft sein, nicht für das Mädchen, aber für Eure Majestät."

„Nenne die Medizin", rief der König, „und die soll sie bekommen, gleichgültig, was sie kostet."

Der Hakim sah den König mitleidig an und sagte: „Das Mädchen liebt einen Eurer Diener. Gebt ihr Erlaubnis, ihn zu heiraten, und sie ist sofort gesund."

Armer König! Er sehnte sich so nach dem Mädchen, daß er sie nicht freigeben wollte. Er liebte sie so sehr, daß er sie nicht sterben lassen wollte. Hütet euch vor Liebe! Wenn ihr euch darauf einlaßt, wird es euer Tod sein.

Der weise Konfuzius

Pu Shang sagte einst zu Konfuzius: „Was seid Ihr für ein Weiser, daß Ihr sagen könnt, Yen Hui übertreffe Euch an Aufrichtigkeit? Daß Tuan-mu Tz'u Euch überlegen ist, wenn es darum geht, Dinge zu erläutern? Daß Chung Yu mutiger ist als Ihr? Und daß Chuan-sun Shih würdiger ist als Ihr?"

In seinem Eifer, eine Antwort zu bekommen, rutschte Pu Shang so nah an die Kante der Matte, daß er beinahe herunterfiel. „Wenn dem so ist", sagte er, „warum sind dann diese vier Männer Eure Schüler?"

Konfuzius erwiderte: „Bleib auf deinem Platz sitzen, dann werde ich es dir sagen. Yen Hui vermag aufrichtig zu sein, aber nicht flexibel. Tuan-mu Tz'u versteht es, Dinge zu erläutern, bringt es aber nicht fertig, ein einfaches Ja oder Nein zu antworten. Chun Yu ist wohl mutig, aber nicht vorsichtig. Chuan-sun Shih kann würdevoll auftreten, ist aber nicht anspruchslos. Deswegen sind diese vier Männer froh, bei mir lernen zu können."

Der Moslem Jalal ud-Din Rumi sagt: „Eine stets geöffnete oder eine stets geschlossene Hand ist eine verkrüppelte Hand. Ein Vogel, der seine Schwingen nicht öffnen und schließen kann, wird nie fliegen."

O glückliche Schuld!

Der jüdische Mystiker Baal Schem betete auf sehr eigenartige Weise zu Gott. „Bedenke, Herr", pflegte er zu sagen, „daß du mich genauso brauchst wie ich dich. Wenn es dich nicht gäbe, zu wem sollte ich dann beten? Wenn es mich nicht gäbe, wer würde dann beten?"

Der Gedanke machte mich froh, daß, wenn ich nicht gesündigt hätte, Gott keine Gelegenheit haben würde, zu vergeben. Er braucht auch meine Sünde. Es herrscht tatsächlich mehr Freude im Himmel über einen reuigen Sünder als über neunundneunzig, die keine Reue nötig haben.

O glückliche Schuld! O notwendige Sünde! Wo viel Sünde ist, ist viel Gnade!

Die Kokosnuß

Von einem Baum warf ein Affe eine Kokosnuß einem Sufi auf den Kopf.

Der Mann hob die Nuß auf, trank die Milch, aß das Fruchtfleisch und machte sich eine Schüssel aus der Schale.

Dank für jede Kritik.

Die Stimme des Sängers füllt die Halle

Vor einer Konzerthalle hörte ich zufällig folgendes Gespräch:

„Ein phantastischer Sänger! Seine Stimme füllte die Halle!"

„Ja, einige von uns mußten die Halle verlassen, um Raum für sie zu schaffen!"

Komisch! Sie können ruhig sitzen bleiben, meine Damen und Herren, des Sängers Stimme füllt zwar die Halle, beansprucht aber keinen Raum.

Im Verlauf einer geistigen Beratung hörte ich zufällig:

„Wie kann ich Gott so lieben, wie die Heilige Schrift es verlangt?
Wie kann ich ihm mein ganzes Herz geben?"

„Du mußt zunächst aus deinem Herzen alle Dinge der Schöpfung verbannen."

Stimmt nicht! Hab keine Angst, dein Herz mit Menschen und Dingen zu füllen, die du liebst, denn die Liebe zu Gott wird in deinem Herzen nicht mehr Raum beanspruchen als eines Sängers Stimme in einer Konzerthalle

Liebe ist nicht wie ein Brotlaib. Wenn ich dir ein Stück abgebe, habe ich weniger für andere. Liebe ähnelt eher dem eucharistischen Brot. Wenn ich es empfange, empfange ich den ganzen Christus. Aber du bekommst deshalb nicht weniger von Christus; auch du bekommst den ganzen Christus und der Nächste und Übernächste ebenfalls.

Du kannst deine Mutter mit deinem ganzen Herzen lieben; und deine Frau und jedes deiner Kinder. Das Wunder ist, daß du deswegen anderen nicht weniger geben mußt, wenn du jemand deine ganze Liebe schenkst. Im Gegenteil, jeder von ihnen bekommt nun mehr. Denn wenn du deinen Freund liebst und niemand sonst, bietest du ihm in der Tat nur ein schwaches Herz an. Er gewänne mit Sicherheit mehr, wenn du es auch anderen gäbest.

Und Gott wäre der Verlierer, wenn er darauf bestände, daß du dein Herz nur ihm allein gäbest. Schenk dein Herz anderen, deiner Familie, deinen Freunden, und Gott wird mit Sicherheit gewinnen, wenn du ihm dein ganzes Herz anbietest.

Simon Petrus

Ein Dialog aus der Bibel:

„Und du", sagte Jesus, „wer sagst du, der ich bin?"

Simon Petrus antwortete: „Du bist der Messias, der Sohn des lebendigen Gottes."

Dann sagte Jesus: „Simon, Sohn des Jonas, du bist wahrhaftig auserwählt! Du hast das nicht von sterblichen Menschen erfahren: mein himmlischer Vater hat es dir offenbart."

Ein heutiger Dialog:

„Und du", sagte Jesus, „wer sagst du, der ich bin?"

Christ: „Du bist der Messias, Sohn des lebendigen Gottes."

Jesus: „Recht und wahr geantwortet. Aber wie traurig für dich, daß du das von sterblichen Menschen erfahren hast. Es ist dir noch nicht von meinem himmlischen Vater offenbart worden."

Christ: „Richtig, Herr. Ich bin betrogen worden. Jemand gab mir alle Antworten, noch ehe dein himmlischer Vater sprechen konnte. Ich staune über deine Weisheit, selbst nichts zu Simon zu sagen, sondern zu warten, bis dein Vater als erster sprach."

Die Samariterin

Die Frau stellte ihren Wasserkrug hin und ging in die Stadt. Sie sagte zu den Leuten: „Kommt und seht den Mann, der mir alles gesagt hat, was ich je getan habe. Könnte das der Messias sein?"

Christ: „Hätte ich doch einen Lehrer wie die Samariterin! Sie gab keine Antworten. Sie stellte nur eine Frage und überließ es ihnen, die Antwort selbst zu finden. Dabei wäre es sicher verlockend gewesen, die Antwort zu geben, denn sie bekam sie von dir, als du ihr sagtest: ‚Ich bin der Messias, ich, der ich zu dir spreche.' Noch viele wurden zu Jüngern durch das, was sie aus seinem eigenen Munde hörten. Sie sagten zu der Frau: ‚Wenn wir glauben, brauchen wir uns nun nicht mehr nur an deine Worte zu halten, denn wir selbst haben ihn gehört, und wir wissen, daß er wirklich der Heiland der Welt ist.' "

Christ: „Ich habe mich damit begnügt, Herr, aus zweiter Hand von dir zu erfahren. Aus der Schrift und von Heiligen, von Päpsten und Priestern. Wie gerne sagte ich ihnen allen: ‚Wenn ich glaube, so nicht mehr wegen eurer Worte, denn ich habe ihn selbst gehört.' "

Ignatius von Loyola

Der Mystiker des 16. Jahrhunderts, Ignatius von Loyola, erzählte von sich, daß er zur Zeit seiner Bekehrung niemand hatte, der ihn hätte führen können, und der Herr selbst hätte ihn genauso gelehrt wie ein Schulmeister ein kleines Kind. Und das hatte schließlich zur Folge, daß selbst wenn alle heiligen Schriften zerstört worden wären, er doch immer an ihrer Offenbarung festhalten würde, weil Gott ihn persönlich gelehrt hatte.

Christ: „Ich hatte nicht das Glück von Ignatius, Herr. Ich hatte unglücklicherweise zu viele Menschen, die mich führen wollten. Sie plagten mich mit ihrer ständigen Belehrung, bis ich dich durch den ganzen Lärm kaum mehr hören konnte, selbst wenn ich es gewollt hätte. Es fiel mir nie ein, daß ich mein Wissen aus erster Hand von dir selbst hätte bekommen können, denn manchmal sagten sie zu mir: ‚Nur wir sind deine Lehrer, du wirst keine anderen haben, wer uns zuhört, hört Ihm zu.'

Aber es ist nicht recht, sie zu tadeln oder zu beklagen, daß sie in meinen jungen Jahren zur Stelle waren. Ich allein bin zu tadeln. Denn mir fehlte es an Entschlossenheit, ihre Stimmen zum Schweigen zu bringen, an dem Mut, für mich allein zu suchen und zu finden, an der Beharrlichkeit, abzuwarten, bis du schließlich sprechen würdest, und an dem Glauben, daß du irgendwann, irgendwo dein Schweigen brechen und zu mir sprechen würdest."

Leonid Borodin
Die dritte Wahrheit
Roman
Band 4061

Die dritte Wahrheit ist die Wahrheit der Natur, des einfachen Menschen. Eine Geschichte voll psychologischer Kraft.

Dalai Lama
Zeiten des Friedens
Herausgegeben und eingeleitet von Erhard Maier
Band 4065

Ein großer geistiger Führer unserer Zeit gibt der Sehnsucht nach Frieden wichtige spirituelle Impulse.

Eugen Drewermann
Das Eigentliche ist unsichtbar
Der Kleine Prinz tiefenpsychologisch gedeutet
Band 4068

Ist es der ewige Traum verlorener Kindheit, der Saint-Exupérys „kleinen Prinzen" so faszinierend macht?

Elie Wiesel
Der fünfte Sohn
Roman
Band 4069

Die Geschichte des Juden Reuven Tamiroff, der 30 Jahre lang fälschlich glaubte, den Mörder seines Sohnes gerächt zu haben.

Namo Aziz
Kein Weg nach Hause
Schmerz und Traum der Kurden
Band 4074

Wechselnde Fremdherrschaft. Aufstände. Giftgasangriffe. Eine kurdische Familie sucht ihre Heimat.

HERDER / SPEKTRUM

Antoine de Saint-Exupéry
Briefe an Rinette
Poesie einer Liebe
Band 4076

Vom Charme eines Gefühls, das das Leben verzaubert, erzählen die Briefe des jungen Antoine. Wundervoll als Geschenk.

Die Erde ist uns heilig
Die Reden des Chief Seattle und anderer indianischer Häuptlinge
Herausgegeben von Rudolf Kaiser
Band 4079

Beschwörend, prophetisch, poetisch: die Überlebensweisheit einer großen alten Kultur.

Saliha Scheinhardt
Drei Zypressen
Erzählungen über türkische Frauen in Deutschland
Band 4080

Türkische Frauen zwischen zwei Kulturen. Ein herausforderndes und sehr politisches Stück Frauenliteratur über das Leben in der Fremde.

Thomas Schäfer
Mein allerliebstes Haselnüßchen, ich muß dich knacken
Mann und Frau im Märchen
Band 4083

Eine Entdeckungsreise in die Welt vertrauter Geschichten – und zu den märchenhaften Möglichkeiten der Partnerschaft.

Manjul Bhagat
Anaro oder die Tücken des Alltags von Delhi
Roman
Aus dem Hindi von Heidemarie und Indu Prakash Pandey
Band 4086

Eine Geschichte von der Würde und dem Stolz der Armen und von der Stärke der scheinbar Schwächsten, den Frauen.

Philomena Franz
Zwischen Liebe und Haß
Ein Zigeunerleben
Mit einem Nachwort von Reinhold Lehmann und einem Beitrag von Wolfgang Benz
Band 4088

Philomena Franz schreibt, um Verständnis zu erbitten. „Sie spricht, als trüge sie ein Gedicht vor" (Süddeutsche Zeitung).

Pharaonische Lebensweisheit
Eingeleitet, übersetzt und kommentiert von Emma Brunner-Traut
Band 4089

Das überraschend moderne Zeugnis der sehnsuchtsvollen Suche des Menschen nach dem Geheimnis seiner Existenz.

Eugen Drewermann
Zeiten der Liebe
Herausgegeben und eingeleitet von Karin Walter
Band 4091

Eugen Drewermanns tiefe und poetische, die Unendlichkeit berührende Texte lassen Wege entdecken zu einem Leben der Liebe.

Ramon Llull
Das Buch vom Freunde und Geliebten
Übersetzt und herausgegeben von Erika Lorenz
Band 4094

Ein Juwel abendländischer Mystik: „Llull spricht überwältigend schön über die Liebe" (Neue Zürcher Zeitung).

C. S. Lewis
Dienstanweisung an einen Unterteufel
Mit Illustrationen von H. E. Köhler
Band 4096

Verblüffende Einblicke in die menschliche Seele. Ein höllisches Vergnügen, geradezu „teuflisch" gut.

HERDER / SPEKTRUM

Käthe Kollwitz
Aus meinem Leben
Ein Testament des Herzens
Mit einer Einführung von Hans Kollwitz
Band 4105

Geschrieben mit weiblichem Instinkt und tiefer Empfindsamkeit. „Ein Testament der Menschlichkeit" (Saturday Review).

Thomas Merton
Zeiten der Stille
Herausgegeben und eingeleitet von Bernardin Schellenberger
Band 4107

Auf das ursprüngliche Sprechen des Schweigens wieder zu hören – dazu leitet dieses Buch an.

Barbara Krause
Camille Claudel – ein Leben in Stein
Roman
Band 4111

Sie war ein Genie und zerbrach an der Ignoranz ihrer Zeit. Die mitreißende Geschichte eines Lebens gegen jede Konvention.

Eugen Drewermann
Dein Name ist wie der Geschmack des Lebens
Tiefenpsychologische Deutung der Kindheitsgeschichte nach dem Lukasevangelium
Band 4113

Die geheimnisvolle Botschaft von der Ankunft Gottes in der Welt wird in dieser poetischen Meditation der Liebe lebendig.

Udo Kittler/Friedhelm Munzel
Lesen ist wie Wasser in der Wüste
Band 4123

Bücher sind Oasen in der Wüste des Alltags. Ermutigungen zu einer neuen Lebens- und Lesekultur

J. F. Powers
Ein Zweig in frischem Triebe
Roman
Band 4124

Joe Hackett, Sohn eines Kohlegroßhändlers, auf dem Weg, ein Heiliger zu werden. Ein Priesterroman, sprühend von hintergründigem Witz.

Jakob J. Petuchowski
„Es lehrten unsere Meister..."
Rabbinische Geschichten
Band 4132

„Die Lektüre dieses Buches ist wie ein Abenteuer auf der Suche nach Schönheit und Sinn" (Elie Wiesel).

Li Ping
Zur Stunde des verblassenden Abendrots
Roman
Band 4140

Die poetisch erzählte Geschichte einer großen Liebe, zugleich das erregende Dokument des geistigen Umbruchs im modernen China.

Rudolf Kaiser
Indianischer Sonnengesang
Die Weisheit der Erde in der Spiritualität der Indianer
Band 4143

Die schönsten Zeugnisse indianischer Spiritualität: bewegende Dokumente einer tiefen Einheit von Mensch und Natur.

Albert Einstein
Zeiten des Staunens
Herausgegeben von Harald Schützeichel
Band 4153

Geniale Gedanken zu Frieden und Freiheit, zu Religion und Naturwissenschaft, zu Erziehung und Freundschaft, zu den drängenden Aufgaben einer zusammenwachsenden Welt.

HERDER / SPEKTRUM

Vasco Pratolini
Die Mädchen von Sanfrediano
Roman
Band 4174

Wie viele Mädchen braucht ein Casanova? Aldo Sereni, Florentiner Herzensbrecher, leidet keinen Mangel. Bis eine sein Spiel durchschaut. Ihre Rache ist gar fürchterlich …

Elie Wiesel
Der Vergessene
Roman
Band 4186

Ein Mann spürt: sein Gedächtnis schwindet. Wider das Vergessen erzählt er dem Sohn von seiner Vergangenheit, die ein dunkles Geheimnis birgt.

Ruth Salama
Tausendundeine Station
Ein Frauenleben zwischen Berlin und Kairo
Band 4190

Eine starke, faszinierende Frau findet ihren eigenen Weg: Die Liebe zu einem Ägypter läßt sie ausbrechen in eine fremde Kultur.

Der Baum, der einem Mann ein Kind schenkte
Indianische Märchen und Mythen aus dem Regenwald
Herausgegeben von Klaus Keplinger
Band 4191

Schauplatz: der Amazonasurwald Perus. Paradiesische Erzählungen aus dem Volk der Ashininca. Ein Dschungelbuch zum Verschlingen.

Rudyard Kipling
Das kommt davon
Die schönsten Geschichten
Band 4206

Wie kam der Elephant zum Rüssel, wie das Kamel zum Höcker? Ausstrahlungskräftige Erzählungen voll heiterer Phantasie.